끝없는 여정,
그리고 마주한 공포

꿈을 걷는 자
The Dreamwalker

꿈을 걷는 자
The Dreamwalker

초판인쇄	2025년 06월 10일
초판발행	2025년 06월 16일
지은이	정범희
발행인	조현수
펴낸곳	도서출판 프로방스
기획	조용재
마케팅	최관호 최문섭
편집	이승득
디자인	오종국 (Design CREO)
주소	경기도 파주시 광인사길 68, 201-4호
전화	031-925-5364, 031-942-5366
팩스	031-942-5368
이메일	provence70@naver.com
등록번호	제2016-000126호
등록	2016년 06월 23일

정가 18,900원

ISBN 979-11-6338-486-1 13190

파본은 구입처나 본사에서 교환해드립니다.

끝없는 여정, 그리고 마주한 공포

정 범 희 지음

꿈을 걷는 자
The Dreamwalker

Prologue

"끝없는 여정의 시작"
(he Beginning of an Endless Journey)

인간은 누구나 위대한 영웅이 되기를 꿈꾼다. 하지만 진정한 영웅이란 태어나는 것이 아니라, 끊임없는 선택과 도전을 통해 만들어지는 존재다.

나는 평범한 21세기를 살고 있었다. 그러나 어느 날, 현실과 꿈의 경계가 흐려지며 나는 중세 시대의 한복판에 서 있었다. 그곳은 영웅과 괴물이 공존하는 세상이었다. 마을마다 각기 다른 법칙과 신념이 존재했고, 사람들은 두려움 속에서 살아가고 있었다.

누군가는 현실을 받아들이며 그저 하루를 살아가는 것에 만족했고, 누군가는 용기를 내어 맞서 싸우려 했지만, 방법을 몰랐다. 그리고 일부는 이미 영웅이 되어 스스로를 단련하며 세상을 바꾸려 하고 있었다.

나는 이 세계에 왜 오게 된 것일까? 무엇을 해야 하며, 어떤 길을 가야 할까? 그 질문들은 여정을 거듭할수록 더욱 깊어졌다. 내가 지나온 마을들은 하나같이 현대 사회를 살아가는 우리들의 모습과 닮아 있었다.

"나태의 마을(The Sloth Village)"에서는 스스로 변화하기보다 타인의 도움을 기다리는 사람들을 보았다.

"공허의 마을(The Hollow Village)"에서는 목표 없이 살아가다 결국 스스로의 가치를 잃어버린 사람들을 보았다.

"순응의 마을(The Village of Submission)"에서는 현실에 길들여져 아무런 저항 없이 살아가는 사람들을 마주했다.

"지식의 마을(The Village of Knowledge)"에서는 실전보다는 지식만으로 살아가는 사람들을 보았다.

"오늘만을 사는 마을(The Village That Lives for Today)"에서는 미래를 계획하지 않고, 순간의 즐거움만을 좇는 이들을 만났다.

그들은 현실에 순응했고, 변화를 두려워했다. 괴물에게 맞설 용기가 없었으며, 어떻게 싸워야 할지도 몰랐다.

그러나 나는 알았다. 이것은 단순한 판타지 세계가 아니라, 내가 살아온 현대 사회의 축소판이라는 것을.

그리고 마침내 나는 "영웅의 마을(The Village of Heroes)"을 향해 나아가기로 결심했다. 그곳은 단순히 강한 힘을 가진 자들이 모이는 곳이 아니었다. 진정한 영웅이란 무엇인지, 어떻게 싸워야 하는지, 어떻게 살아야 하는지를 배우는 곳이었다.

나는 이 책을 통해 성공을 꿈꾸는 모든 사람들에게 질문을 던지고 싶다.

"당신은 어떤 마을에서 살고 있는가?"

"당신은 현실을 받아들이는가, 아니면 변화하기 위해 맞서 싸울 것인가?"

"당신은 영웅이 될 준비가 되었는가?"

이 이야기는 단순한 모험담이 아니다. 이것은 성공을 꿈꾸는 모든 사람들의 여정이다.

나는 영웅이 아니었다. 하지만 영웅이 되기 위해 길을 떠났다. 그리고 이 글을 읽는 당신도, 지금부터 당신만의 여정을 시작할 것이다.

어떤 길을 선택하든, 멈추지 않는다면 결국 당신도 자신만의 영웅이 될 것이다.

이제, 나와 함께 이 끝없는 여정을 떠나보지 않겠는가?

2025. 5. 1.

저자 **정 범 희**

Contents
차 례

[프롤로그] **끝없는 여정의 시작** _ 04

제1장 　꿈의 문을 열며

01 내 꿈의 시작 _ 14
02 나태의 마을 _ 24
03 도망칠 것인가, 맞설 것인가 _ 38
04 희망을 찾아 떠나는 길 _ 45

제2장 　어둠 속의 발걸음

01 나약함을 딛고, 불빛을 향해 _ 50
02 공허의 마을 _ 55
03 시험의 길, 의지의 시험 _ 64
04 두려움을 넘어, 한 걸음 앞으로 _ 75

제3장 **선택과 시련의 갈림길**

01 순응의 마을 _ 84
02 용기를 선택한 소년 _ 100
03 험난한 여정의 시작 _ 105
04 완벽함을 버리고 나아가라 _ 113

제4장 **끝없는 여정, 그리고 마주한 공포**

01 두려움을 넘어선 순간 _ 122
02 지식의 마을, 그리고 한계 _ 129
03 험난한 밤, 흔들리지 않는 희망 _ 136

Contents 차례

제5장 영웅의 길 위에서
01 낯선 만남, 새로운 길 _ 144
02 오늘만을 사는 마을 _ 153
03 떠날 때마다 찾아오는 공포 _ 170
04 빛과 마주한 순간 _ 177

제6장 진정한 영웅이란 무엇인가
01 영웅들의 마을 _ 182
02 영웅의 길을 선택하다 _ 189
03 육체의 단련, 영웅의 길 _ 204
04 정신의 수련, 한계를 넘어서 _ 215
05 지혜의 연마, 흐름을 깨닫다 _ 221

06 협력과 신뢰 – 함께해야 영웅이 된다 _ 229
07 영웅의 시험 – 진정한 영웅이란 무엇인가 _ 237
08 영웅의 탄생 _ 247
09 선택의 순간, 진정한 영웅의 길 _ 256

제7장 끝없는 여정, 그리고 마주한 공포

01 각자의 길, 같은 목표 _ 264
02 변화는 저항을 동반한다 _ 269
03 영웅의 운명 – 안락함에 머물 것인가, 성장의 길을 걸을 것인가 _ 277
04 멈추지 않는 길, 끝없는 여정 _ 281

[에필로그] 다시 꿈을 향해 _ 288

제1장

The Dream Walker

꿈의 문을 열며

01 | "내 꿈의 시작"
(The Beginning of My Dream)

✱ 2025년, 현대 사회를 살아가는 나는 누구보다 평범한 사람이었다. 수많은 실패를 겪었고, 그 실패가 나를 점점 나태하게 만들었다. 의욕을 가지려 노력했지만, 현실의 벽은 늘 차갑고 단단했다. 어릴 적 꿈은 많았으나 이루어진 것은 하나도 없었다. 나는 쉽게 포기하는 사람이었고, 작은 시도조차 좌절로 이어지면 곧바로 손을 놓아버리곤 했다.

"왜 이렇게 운이 없을까?", "다른 사람들은 다 잘되는데, 왜 나는 안 되는 거지?"

나는 항상 불평불만을 입에 달고 살았다. 남들이 성공하는 모습을 보면 부러움과 동시에 억울함이 밀려왔다. 노력해도 소용없다는 생각이 머릿속을 지배했다. 나는 핑계를 대기에 바빴고, 상황이 나아질 거라는 기대조차 하지 않았다.

취업을 해도 오래 버티지 못했다. 처음에는 열정적으로 시작하지만, 시간이 지나면서 점점 무기력해졌다. 상사의 꾸중 한마디에도 쉽게 주눅이 들고, 일이 뜻대로 풀리지 않으면 의욕을 잃었다. 주어진 일에 최선을 다하기보다는 "이 일이 내 길이 아닐 수도 있어!"라는 변명으로 포기를 선택하는 일이 많았다. 실패는 반복되었고, 그때마다 나는 스스로를 납득시켰다. "원래 다 이런 거야. 사회는 불공평하니까."

게으름은 나를 더욱 깊은 나락으로 빠뜨렸다. 하루하루 무기력한 삶을 살았고, 주말이면 늦잠을 자며 시간을 허비했다. 해야 할 일이 있으면 "내일부터!"라는 말을 습관처럼 내뱉었다. 미루고 미루다 결국 포기하는 일이 다반사였다. 몸이 나태해지니 마음도 따라 나태해졌다. 늘 불만을 품었지만, 정작 변화하려는 노력은 하지 않았다. 그렇게 나는 시간을 흘려보내며 점점 더 실패라는 굴레에 익숙해졌다.

그러던 어느 날, 나는 결혼을 했다. 처음에는 행복했다. 내 옆에 항상 함께할 사람이 있다는 것이 든든했고, 이젠 무언가를 제대로 해볼 수 있을 것 같았다. 하지만 현실은 달랐다. 결혼은 단순히 사랑만으로 유지되지 않았다. 가정을 꾸리는 것은 내 삶의 무게를 더욱 무겁게 만들었다. 나 하나만 책임지는 것이 아닌, 가정을 지켜야 한다는 책임감이 나를 짓눌렀다.

아이가 태어나면서 모든 것이 달라졌다. 나는 더 이상 나 자신을 위해 살아갈 수 없었다. 아이의 울음소리에 아내는 밤잠을 설쳤고, 나는 경제적인 부담이 점점 커졌다. 이제는 정말 성공해야 했다. 더 이상 실패할 수 없었다.

하지만 성공을 향한 집착은 나를 더욱 옥죄었다. 나는 성공을 원했지만, 여전히 나 자신이 변하지 않았다. 과거의 나태함과 게으름이 몸에 배어 있었고, 현실을 바꾸려는 용기가 부족했다.

내 안에는 두 가지 감정이 끊임없이 싸우고 있었다.

한쪽에서는 "더 이상 실패해서는 안 된다."라고 외쳤고, 다른 한쪽에서는 "넌 변할 수 없어."라고 속삭였다.

나는 두려웠다. 만약 이번에도 실패하면? 만약 다시 포기하고 싶어지면? 가정이 있는데도 예전처럼 도망칠 수 있을까? 책임감은 컸지만, 그만큼의 압박감도 컸다. 나는 하루하루를 불안 속에서 살아갔다.

하지만 가만히 있을 수는 없었다. 실패를 반복하는 것보다, 변화를 시도하는 것이 더 나은 선택이었다. 나는 달라져야 했다. 하지만 어떻게? 무엇을 해야 할까? 어떻게 하면 이 실패와 무기력에서 벗어날 수 있을까?

하지만 나는 또다시 똑같은 패턴을 반복하고 있었다. 마음속으로는 변하고 싶다고 외쳤지만, 실천하는 것은 없었다. 처음 며칠은 의욕적으로 움직였으나, 이내 예전의 나로 돌아가고 말았다.

나는 "변화하겠다."고 다짐했지만, 실상은 변하는 것이 아니라, 다시 편한 길로 돌아가고 있었다. 목표를 세워도 그것은 오래 가지 않았다. 조금만 힘들어지면 쉽게 지쳐버렸고, 현실의 벽이 닥쳐오면 포기하고 싶은 유혹이 더 강해졌다. 결국 나는 변화를 위한 다짐을 수없이 반복할 뿐, 그저 변하지 않는 삶을 살아가고 있었다. 사는 대로 생각하는 것이 아니라, 생각하는 대로 살아야 했지만, 현실은 반대였다. 작은 문제만 생겨도 핑계를 찾고, 책임을 회피하려는 습관은 여전했다. "내일부터!"라는 말이 습관처럼 입에서 나오고, 현실적인 어려움을 핑계 삼아 또다시 나 자신을 속였다.

나는 알았다. 단순히 결심만으로는 아무것도 변하지 않는다는 것을. 변화는 실행에서 오는 것이지, 단순한 다짐으로 이루어지지 않는다는 것을. 하지만 여전히 나는 과거의 습관에서 벗어나지 못하고 있었다.

그렇게 고민과 후회를 반복하던 어느 날, 나는 꿈을 꾸었다. 그 꿈은 단순한 꿈이 아니었다. 그것은 내 삶을 송두리째 바꿀 운명적인 순간이었다.

요약

● **실패의 연속과 고정된 사고방식**

주인공은 반복되는 실패 속에서 점점 고정된 사고방식에 빠져들었다. "나는 운이 없다.", "나는 실패할 운명이다.", "사회는 불공평하다."라는 생각이 머릿속을 지배하며 자신이 변할 수 없다는 결론을 내린다.

성공학에서는 사고방식이 곧 행동을 결정한다고 말한다.

고정된 사고방식을 가진 사람들은 실패를 자신의 한계로 받아들이고, 변화를 시도하기보다는 현실을 탓하며 좌절한다. 이러한 사고방식은 도전 자체를 두려워하게 만들고, 스스로의 한계를 극복하지 못하도록 한다.

하지만 성장하는 사람들은 실패를 하나의 과정(Process)으로 인식한다. 실패는 끝이 아니라 성공으로 가는 한 걸음일 뿐이라는 생각을 가지는 것이 중요하다. 실패는 배우고 성장할 기회이며, 이를 극복할 때만이 비로소 새로운 길이 열린다.

● 게으름과 자기기만 - 행동하지 않는 결심의 함정

주인공은 실패를 반복할수록 게으름과 자기기만(Self-Deception) 속으로 빠져든다. "내일부터 하자.", "지금은 상황이 좋지 않으니 나중에 제대로 해야겠다."라는 생각이 들면서, 실질적인 변화 없이 시간을 흘려보낸다.

성공학에서는 "행동 없는 다짐은 무의미하다."고 말한다.

변화는 결심이 아니라 실천에서 비롯된다. 실제로 많은 사람들이 결심을 반복하지만, 지속적인 행동을 하지 않기 때문에 변화하지 못한다.

예: "운동을 해야겠다."라고 다짐한 뒤, 운동복을 사기만 하고 운동을 하지 않는 것과 같다.

결국 주인공은 생각하는 대로 살지 않고, 사는 대로 생각하는 함정에 빠진다.

즉, "이렇게 살면 안 되는데"라는 생각을 하지만, 행동을 바꾸지 않으니 현실이 변하지 않고, 결국 현실에 순응하는 삶을 살게 되는 것이다.

● 책임감과 압박 - 무거운 짐이 될 것인가, 성장의 원동력이 될 것인가

결혼과 아이의 출산은 주인공에게 책임감과 압박감을 동시에 안겨주었다. 그는 더 이상 자신만의 삶이 아닌, 가족을 부양해야 하는 위치에 서게 된다.
성공학에서는 책임(Responsibility)이 가장 강력한 동기부여 요소라고 말한다. 책임은 사람을 변화시키는 강력한 힘이지만, 그것을 어떻게 받아들이느냐에 따라 전혀 다른 결과를 낳는다.

성장하는 사람은 책임을 기회로 여긴다.
→ "이제는 반드시 변해야 한다. 내가 변하면 가정도 더 나아질 것이다."

고정된 사고방식을 가진 사람은 책임을 짐으로 여긴다.
→ "너무 부담된다. 나는 변하지 못하는데, 이런 현실이 너무 힘들다."

책임감을 성장의 원동력으로 삼지 않으면, 결국 부담이 압박으로 변하고 포기하고 싶은 유혹이 커지게 된다.

● 반복되는 다짐과 실패 – 결심보다 중요한 것은 시스템

주인공은 수없이 "이번에는 달라질 거야"라고 다짐하지만, 결국 같은 패턴을 반복한다. 며칠 동안 의욕을 가지고 움직이지만, 고난이 닥치면 포기하고 현실에 순응한다.

변화는 결심이 아니라 환경과 습관의 힘에서 나온다는 것이다.

주인공이 변화하지 못하는 이유는 단순한 결심만 반복하고 실행을 위한 구체적인 시스템을 만들지 않았기 때문이다.

● 결론: 변화의 핵심은 행동과 지속성

이야기의 마지막에서 주인공은 깨닫는다.

"변화는 실행에서 오는 것이지, 단순한 다짐으로 이루어지지 않는다."

성공학에서 말하는 변화의 3가지 핵심 요소는 다음과 같다.

즉시 행동하라(Take Immediate Action).

결심한 순간, 즉시 실행해야 한다. "내일부터"라는 말은 변화를 방해하는 가장 위험한 적이다.

작은 습관부터 시작하라(Start Small & Build Habits).

거창한 목표보다 작은 습관을 매일 반복하는 것이 중요하다. 하루 5분이라도

운동을 시작하고, 10분이라도 공부하는 것이 변화를 만든다.

환경을 바꿔라(Change Your Environment).
의지가 약해지는 것은 당연한 일이다. 의지만으로 변하려 하지 말고, 변할 수 밖에 없는 환경을 만들어라.
예를 들어, 일찍 일어나고 싶다면 알람을 멀리 두고, 책을 읽고 싶다면 스마트폰을 멀리하는 것이 효과적이다.

● 운명적인 꿈 - 변화의 시작
이야기의 마지막, 주인공은 특별한 꿈을 꾸게 된다.
이것은 단순한 꿈이 아니라, 그의 인생을 완전히 바꿔놓을 운명적인 순간이다.
이 꿈은 단순한 상상이 아니라, 그의 깊은 무의식에서 오는 변화의 신호일 수도 있다.
자신이 과거의 패턴에서 벗어나야 한다는 것을 마음 깊이 깨달았기 때문에, 이제는 진정한 변화가 시작될 것이다.
성공학에서는 '터닝 포인트(Turning Point)'라는 개념이 있다.
대부분의 사람들은 무언가 강력한 계기나 충격적인 사건을 경험한 후 비로소 변하기 시작한다. 이제 주인공은 이 꿈을 통해 어떤 새로운 길을 찾게 될 것인가?

그 꿈이 단순한 상상일까, 아니면 진짜 변화의 계기가 될 것인가?

이것이 앞으로의 이야기에서 풀어나가야 할 중요한 주제가 될 것이다.

● 결론

이 이야기는 단순한 개인적인 실패의 기록이 아니라, 누구나 겪을 수 있는 현실적인 성장 과정을 보여준다.

❖ 변화를 이루기 위해서는 사고방식(Mindset)과 행동(Action)이 함께 필요하다.
❖ 결심보다 중요한 것은 지속적인 습관과 실행을 위한 환경을 만드는 것이다.
❖ 책임감을 짐이 아니라 성장의 동력으로 삼을 때, 비로소 변화할 수 있다.

그는 과거처럼 반복되는 실패 속에 머물 것인가? 아니면 새로운 길을 찾아 진정한 변화를 이룰 것인가?

이제부터의 이야기가 더욱 기대된다.

02 | "나태의 마을"
(The Sloth Village)

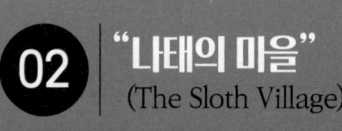

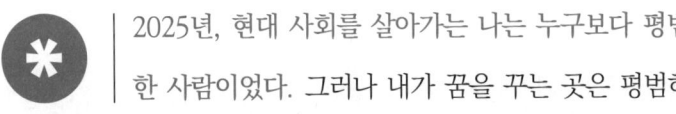 2025년, 현대 사회를 살아가는 나는 누구보다 평범한 사람이었다. 그러나 내가 꿈을 꾸는 곳은 평범하지 않았다. 여기는 나태의 마을, 모든 것이 느리고, 아무도 꿈을 꾸지 않는 곳이었다. 이곳 사람들은 매일 반복되는 일상에 익숙해져 있었고, 노력하는 것 자체를 불필요하게 여겼다. 태양은 게으르게 하늘을 가로지르고, 바람조차도 무기력하게 불었다. 일찍 일어나는 사람도, 부지런한 사람도 없었다. 시간은 마치 정체된 것처럼 흘렀고, 누구도 그것을 신경 쓰지 않았다.

나는 10대 후반의 소년으로, 어릴 때부터 이 마을에서 자랐다. 그리고 마을 사람들과 마찬가지로 게으름과 나태함이 나의 일상이었다. 아침이 되어도 쉽게 침대에서 일어나지 못했다. 창문 너머로 비치는 희미한 햇살을 보며 "오늘은 뭔가 해야 할 것 같은데… 내일부터 하자."라는 생각이 머릿속을 맴돌았다.

마을 중앙 광장은 언제나 조용했다. 가끔씩 몇몇 사람들이 천천히 거닐었고, 몇몇 상점에서는 손님을 맞이하기는 했지만, 활기가 없었다. 광장 옆에는 마을 도서관이 있었지만, 언제나 먼지 쌓인 책들만 가득했다. 사람들은 책을 읽기보다는 그저 흘러가는 대로 살아갔다. 가끔 타지에서 온 여행자들이 이곳을 방문하면, 그들은 마을의 조용하고 나른한 분위기에 잠깐 머물다 사라졌다. 그리고 마을 사람들은 조금이라도 분주한 사람을 보면, 그 움직임을 신기한 듯 바라보며 이렇게 말하곤 했다.

"뭘 저렇게 바쁘게 살아? 결국 다 헛된 일인데."

나는 어린 시절부터 이 말을 듣고 자랐다. "어차피 노력해도 달라지는 건 없다.", "시간이 지나면 모든 것이 해결될 것이다." 이러한 말들이 마을의 법칙처럼 자리 잡고 있었다. 나 또한 그러한 환경 속에서 자라면서 자연스럽게 나태함에 젖어들었다.

그러나 내 마음속 깊은 곳에서는 알 수 없는 갈증이 있었다. 뭔가 잘못된 것 같은 느낌, 뭔가를 해야 할 것만 같은 불안감. 하지만 그것이 무엇인지 알지 못했다. 꿈을 꾸는 것이 무슨 의미인지조차도 알지 못했기에, 나는 그저 마을 사람들과 같은 방식으로 살아갔다.

어떻게 보면 우리 마을과 사람들이 이렇게 살아갈 수밖에 없는 이유도 존재했다.

바로 괴물들이 마을에 쳐들어와 우리가 가꾸고 수확한 식량과 물건들을 훔쳐가곤 했다. 한 달에 한 번, 혹은 1년에 몇 번은 꼭 마을을 침략해서 도적질을 일삼았다.

나는 생각했다. "왜 종종 나타나서 도적질을 하고 한참 뒤에나 다시 나타나는 것일까?" 이유는 분명했다.

바로 영웅들이 사람들을 지켜주고 있었기 때문이다. 늦게 나타날 때도 있었고, 미리 우리 마을을 지킬 때도 있었지만, 항상 상주해서 지켜주는 것은 아니었다.

그러한 영웅들을 바라보며 "나도 저런 영웅이 되고 싶다."고 생각했지만, 현실은 놀고먹기 바빴다. 영웅에 대한 동경심만 유지하고 영웅이 되기 위한 생각과 행동은 전혀 하지 않고 무료한 일상을 그냥 그대로 살아갔다.

그렇게 무료하고 또는 안도하며 지루한 일상을 살아가던 어느 날, 영웅들이 우리 마을에 들렀다. 마을 사람들은 영웅들을 환대하며, 어떻게 해서든 마을에 오래 머물게 하기 위해 접대하기 바빴다. 마을 사람 누구 하나 영웅이 될 수 있는 방법을 묻지 않고 동경의 대상으로만 바라보며 비위 맞추기에 급급했다. 하지만 영웅들은 한 마을에 오래 있지 못한다고 하며 하루를 지내고는 다시 떠났.

나는 그저 멀리서 바라보며 "멋있다!"는 생각을 하면서도 다음 생각으로는 이어가질 못했다.

"나도 저렇게 되고 싶어!"가 아닌, "멋있다!"에서 항상 끝이 났다.

시간이 흘러 또 어느 날, 괴물들이 쳐들어왔다. 우리가 한 달 동안 쉬지도 않고 수확한 식량과, 가족들과 함께 보낼 시간마저도 포기한 채 만들어 놓은 물건들을 모조리 또 노략질해 갔다.

그때 마을 사람들은 또다시 울고 힘들어하면서 무력한 감정들을 쏟아붓고 있었다. 어느 누구 하나 영웅이 되어 마을 지켜야 한다는 결심 없이 또 노략질하러 올 괴물들에게 두려움이라는 감정만 가득 넘칠 때, 나는 결심했다.

 "내가 영웅이 되어서 우리 마을을 지키겠다."고.

내가 이렇게 결심한 이유는 마을사람들을 보면서 깨달았기 때문이다. "반복적인 노략질로 내가 수고한 모든 것들을 빼앗기고 있는데, 왜 대책을 세우지 않지?"라는 생각이 갑자기 들기 시작했다.

하지만 이러한 결심은 작심삼일로 끝나게 되었다.

영웅이 되는 방법조차 알지 못했고, 아니 솔직하게 말하면 영웅이 되기 위한 행동을 하지 않았다. 왜? 힘들고 귀찮아 보여서 그랬다. 일단 영웅이 되려면 괴물들과 싸워서 이길 힘과 전투 기술이 필요하고, 괴물들에게 전략적으로 이길 수 있는 지식 또한 필요했다. 그렇다면 기초체력부터가 우선순위 제일 상단에 등장하는데, 하루 이틀 체력훈련을 했지만, 너무 힘들고 무언가 달라지는 것이 없는 것처럼 보여, 아주 빠르게 포기하기에 이르렀다.

이미 체력훈련에서부터 포기해 버린 순간, 또 나는 무료한 일상생활로, 그리고 언제 쳐들어올지 모르는 괴물들을 두려워하며 숨을 곳을 찾아다녔다.

또 어김없이 괴물들은 우리 마을을 침략했고, 마을 사람들과 나는 고생하며 수확한 식량을 비롯한 물건과 모든 것들을 버려두고 숨고 도망치기에 바빴다.

이제 조금 배부르게 먹을 수 있을 거라고 생각했던 식량과 가죽으로 만든 털옷들을 모조리 빼앗기고 나니, 앞으로 다가올 겨울이 걱정되기 시작했다.

마을 사람들은 괴물들이 떠난 후 빈손으로 거리를 활보하며 "겨울에는 얼어 죽을 거야!", "얼어 죽기 전에 굶어 죽을 거야!"라고 울부짖었다. 그러나 또다시 살아가야 했던 마을 사람들은 함께 힘을 모아 침략당한 마을을 수습했다.

마을 사람들에게는 여러 부류가 존재했다.

어떤 가족은 모든 것을 버리고 다른 미지의 마을로 떠나는 가족이 있었고, 어떤 가족은 괴물들에게 빼앗기지 않기 위해서 자신이 가지고 있는 온 힘을 다해 땅을 파기 시작했다.

어느 날 소식이 들려왔다. 미지의 마을로 떠난 가족은 오랫동안 환상의 마을(영웅마을)을 찾아다녔지만 결국 찾지 못했고, 추운 겨울을 이겨내지 못한 채 길에서 얼어 죽고 말았다는 소문이 온 마을을 휩쓸었다.

그 가족에게는 큰 문제점이 있었다. 그것은 바로 어디로 가야 할지 몰랐고, 아무런 정보 없이, 그리고 오래 견딜 수 있는 식량 없이 길을 떠났다는 것이다. 그 가족의 아버지는 이렇게 외치고 길을 떠났다.

"어딘가에는 우리가 행복하게 살아갈 수 있는 마을이 있어!"라고... 자신의 목적지가 분명하지 않았던 것이다.

그 가족에게 환상의 마을(영웅마을)은 슬프지만 바로 길바닥이었을 뿐이었다.

마을 사람들은 이 소식을 접하고 다들 수군거렸다.

"새로운 마을을 찾아 떠나는 건 멍청한 짓이야!"

"그냥 여기서 목숨만 부지하며 견뎌야 해."

"미지의 마을은 없어!"

"괴물들이 우리의 목숨을 가져가진 않잖아?"

그렇다. 이상한 것은 괴물들이 우리의 수확물과 식량만 훔쳐갈 뿐, 목숨은 빼앗아 가지 않았다는 점이다. 그 이유는 끔찍하지만, 괴물들이 우리가 있기에 살아갈 수 있다는 것을 알고 있기 때문인 듯했다. 우리의 것을 빼앗고 나서 빼앗은 식량과 물품이 떨어질 때쯤, 그리고 주민들이 식량을 어느 정도 다시 마련할 때쯤 귀신처럼 다시 쳐들어와 노략질해서 자신들의 주린 배를 채우는 것을 당연하게 생각한 것이다.

어디로 가야 할지 몰라 방황하던 그 가족의 소식은 우리 마을 사람들의 마음에 더 큰 두려움을 안겨주었고, 사람들은 언제 또 식량과 물건을 빼앗길지 몰라 하나둘 비축하기 시작했다. 새로운 삶을 향해 나아가려는 의지는 그 길이 위험하고 무의미할지도 모른다는 불안감에 쉽게 꺾이고 만다.

또 다른 소식이 들려왔다. 땅의 심연을 파헤치던 가족의 이야기였다. 마을 사람들의 눈에는 그들이 파 내려가는 깊은 구덩이가 생존을 위한 최적의 방법처럼 보였다. 하지만 아이러니하게도, 다른 누구도 그 방법을 따라 하지 않았다.
나는 그 광경을 보며 부러워하는 한 주민에게 다가가 물었다.
"좋은 방법처럼 보이는데, 지금이라도 땅을 파보는 것이 어때요?"

그 주민은 난감한 표정을 지으며 대답했다.

"글쎄, 좋아 보이긴 하는데... 힘들어 보이잖아. 그리고 지금 시작한다고 해도 얼마나 깊이 팔 수 있을지 모르겠어. 게다가 괴물들이 내일 올 수도 있는데... 하, 모르겠다. 머리 아프게 고민하게 하지 말고 그냥 저리 가!"

그렇게 시간이 흘러, 처음으로 땅 구덩이를 파기 시작한 가족은 결국 성공했다. 그들은 땅속 깊숙이 비밀스러운 저장고를 만들었고, 거기에 식량과 물자를 안전하게 비축해 두었다. 마을 사람들은 그들의 성과를 보며 감탄했다.

"대단해!"

"부럽다..."

그러나 일부는 의심의 눈초리를 거두지 않았다.

"저렇게 숨겨 놨다가 괴물들에게 들키면 어쩌려고?"

질투 섞인 속삭임이 들려오는 가운데, 일부는 아예 비난을 시작했다. 하지만 그들의 시기와 불평에도 불구하고, 괴물들의 습격이 다가오고 있었다.

겨울이 닥쳐왔고, 마을에는 식량이 얼마 남지 않았다. 마침내 어김없이 괴물들이 마을을 습격했다. 마을 사람들은 공포에 떨며 눈앞에서 약탈당하는 것을 바라볼 수밖에 없었다. 그러나 기적처럼, 땅 구덩이를 판 가족만큼은 단 하나의 물자도 빼앗기지 않았다. 그들은 조용히 땅속에 숨어, 끔찍한 공포가 지나가기를 기다렸다. 괴물들이 떠나고 난 후, 마을 사람들은 그 가족에게 몰려들었다.

"대체 땅굴을 어떻게 판 거야?"

"우리도 좀 도와줘!"

"땅굴 파는 기술을 알려줘!"

심지어 이전에 비난했던 사람들조차 다가와 기술을 전수해 달라고 애원했다. 그 가족은 잠시 생각하다가 조용히 말했다.

"특별한 기술 같은 건 없어요. 단지 꾸준히 파 내려갔을 뿐입니다."

그러나 마을 사람들은 그 말을 받아들이지 않았다.

"그런 말은 누구나 할 수 있어!"

"비법을 숨기려는 거 아니야?"

"자기 가족만 살겠다는 거잖아!"

그들의 태도는 순식간에 바뀌었고, 비난은 더욱 거세졌다. 하지만 그럼에도 불구하고 마을 사람들은 땅 구덩이를 파기로 결심했다. 모두가 자신만의 비밀 저장소를 만들기 위해 허겁지겁 땅을 파기 시작했다.

그들은 가진 식량을 아껴가며, 온 힘을 다해 땅을 팠다. 집과 집이 다닥다닥 붙어 있던 마을에서는 모든 주민이 구덩이를 만들면서 지반이 약해지기 시작했다. 그러나 그 누구도 이 사실을 깨닫지 못한 채, 자신만의 생존을 꿈꾸며 삽질을 계속했다.

그리고 다시 괴물들이 마을을 습격했다.

이번에는 어땠을까? 모든 것이 수포로 돌아갔다.

괴물들이 마을로 들어서자, 무너질 듯이 약해진 지반이 그들의 무게를 견디지 못하고 내려앉은 것이다. 깊게 파 놓은 구덩이들은 그대로 드러나고 말았고, 마을 사람들은 절망 속에서 발버둥 쳤다. 그들이 그렇게 애써 숨기려 했던 식량과 물자는 괴물들에게 쉽게 노출되었고, 이번에는 단 하나도 남기지 않고 약탈당했다.

마을은 눈물바다가 되었다.

땅 구덩이가 자신들을 지켜줄 것이라 확신했던 사람들은 이제 빈 털터리가 되어 있었다. 심지어 지금까지 한 번도 약탈당하지 않았던 비상식량조차 모두 구덩이에 넣어 두었기에, 그들은 완전히 굶주림에 내몰렸다.

그제야 나는 깨달았다.

무작정 따라 하는 것이 능사가 아니라는 것을.

꾸준한 노력과 깊은 통찰 없이 남의 방법만 흉내 내는 것은 결국 스스로를 파멸로 이끈다는 것을.

그러했다. 다른 사람이 성공한 땅 구덩이를 보고 따라 파는 것까지는 좋았으나, 그들 스스로의 계획이 없었기에 모든 것을 무작정 투입한 결과였다. 만약 마을 사람들이 더 깊이 생각했다면, 땅속에 공간이 생길수록 지반이 약해진다는 사실을 깨달았더라면, 이러한 비극은 벌어지지 않았을 것이었다.

그들은 오직 눈앞의 위기에서 벗어나기 위해 자신의 집 바로 앞에 땅 구덩이를 팠다. 하지만 그 행위가 결국 모든 것을 잃게 만들리라는 사실은 전혀 깨닫지 못했다.

결국 마을 사람들은 빈털터리가 되었고, 마을은 절망과 비탄의 곡소리로 가득 찼다.

그런데도 그들의 분노는 예상치 못한 방향으로 향했다. 갑자기 마을 사람들은 영웅들을 비난하기 시작했다.

"왜 영웅들은 우리 마을을 지켜주지 않는 거지?"

"왜 괴물들을 모두 처단하지 않는 거지?"

"괴물들이 습격하기 전에 왜 나타나지 않은 거지?"

그렇다. 마을 사람들은 스스로의 실수로 인해 모든 것을 빼앗겼음에도 불구하고, 그 분노와 절망을 타인에게 돌리기 시작했다. 자신들을 지켜주지 못한 영웅들을 원망하며 책임을 떠넘겼다.

이전까지 수없이 마을을 구해준 날들은 전혀 기억하지 않았다. 단지, 지금 이 순간 그들을 지켜주지 않았다는 이유 하나만으로 영웅들을 탓하며 원망했다.

요약

"나태의 마을"은 성공을 위해 필요한 핵심 요소인 자기주도성, 도전 정신, 책임감이 결여된 상태를 보여준다.

이 마을의 사람들은 스스로 문제를 해결하려는 의지 없이, 영웅이 와서 해결해 주기를 기대하며 살아간다.

그들은 현재의 편안함에 안주하며, 변화하기 위한 노력을 하지 않는다. 즉, 스스로 성장하거나 발전하려는 노력 없이, 쉽게 얻을 수 있는 것만 바라는 태도를 지닌다.

"나태의 마을"은 실패하는 삶의 전형적인 모습을 보여준다.

이 마을의 사람들은 스스로 변화하지 않으며, 책임을 회피하고, 노력 없이 쉽게 얻으려 한다.

하지만 성공하는 사람들은 스스로 문제를 해결하고, 끊임없이 배우며, 변화를 두려워하지 않는다. 남이 해결해 주길 기다리는 것이 아니라, 스스로 해결할 능력을 키운다.

쉬운 길만 찾지 말고, 장기적인 목표를 위해 꾸준히 노력해야 한다.

현재의 안락함에 안주하지 말고, 미래를 준비해야 한다.

진정한 영웅은 외부에서 오는 것이 아니라, 자신의 노력과 도전 속에서 탄생하는 것이다.

"나태의 마을"에서 벗어나, 스스로 영웅이 되어야 한다는 것을 이야기한다.

03 "도망칠 것인가, 맞설 것인가"
(To Run or to Confront?)

나 또한 마을 사람들과 같은 감정이 들기 시작했다. 그들의 분노가 이해되지 않는 것은 아니었다. "영웅이 존재하면 무엇하나? 우리 같은 약한 자들을 지켜주지도 않는데…"라는 생각이 들며 불평불만을 늘어놓았다. 그렇게 내 책임을 타인의 탓으로 돌리면서 마음의 짐을 조금 덜어냈다. 그러나 현실은 변하지 않았다. 나는 모든 것을 빼앗겼고, 이제 굶어 죽을 위기에 처해 있었다. 마실 수 있는 것은 오직 물뿐이었다. 지쳐 나무 밑에 힘없이 누워 있을 때, 한 사람이 내 앞을 지나갔다. 그는 나를 바라보더니, 안쓰러운 표정을 지었다. 그리고 다가와 내게 손을 내밀었다.

그는 바로 영웅이었다.

그의 도움으로 기력을 되찾은 나는 감사의 인사도 잊은 채 무례한 질문을 던졌다.

"왜 영웅들은 우리 마을을 지켜주지 않나요?"

영웅은 내 질문에 즉답하지 않았다. 그 대신 전혀 다른 이야기를 들려주었다.

"동쪽으로 가면 한 마을이 있다. 그곳에는 영웅들이 모여 살고 있지. 괴물들이 가끔 모습을 드러내지만, 마을 입구에서 겁을 먹고 도망치곤 한다. 덕분에 그곳은 식량과 물자가 풍부하지.

네가 살아남고 싶다면, 그 마을을 찾아가는 게 어떻겠느냐?"
나는 그의 말이 끝나기가 무섭게 다시 물었다.

"그런 마을이 있다는 건 알겠어요. 하지만 왜 영웅들이 일반 마을을 지켜주지 않죠? 영웅들은 약한 자를 보호해야 하는 거 아닌가요?"

영웅은 내 질문을 가만히 듣고는 조용히 입을 열었다.

"옛날, 한 위대한 전사가 있었다. 그는 강한 힘을 지녔지만, 약한 자들을 돕기 위해 영웅의 마을을 떠나 인간들이 사는 마을로 향했다. 처음에는 모든 이들이 그를 반겼고, 마을을 지켜주는 영웅이라며 존경했다. 그리고 괴물들이 쳐들어왔을 때, 전사는 홀로 싸우며 마을을 방어했다. 하지만 시간이 흐를수록 사람들은 그의 존재에 익숙해졌다. 감사는 점점 사라지고, 전사는 점점 그들과 같은 존재가 되어갔다."

그러던 어느 날, 더 많은 괴물들이 몰려왔다. 전사는 혼신을 다해 싸웠지만, 혼자서 모든 것을 막기엔 역부족이었다. 그 과정에서 몇몇 주민이 다치고 말았다. 그리고 그때부터 마을 사람들의 시선이 변하기 시작했다.

"전사가 조금만 더 강했더라면 모두를 지킬 수 있었을 텐데."

"전사만 믿고 있다가는 우리도 위험해질 거야."

"왜 주민들부터 구하지 않았지?"

그들은 점점 전사를 원망하기 시작했다. 하지만 전사는 묵묵히 싸움을 계속했다. 그러던 어느 날, 그는 마을 주민들을 불러 말했다.

"이대로 가다가는 마을이 괴물들에게 무너질 수도 있습니다. 저는 무기를 가져왔고, 전투하는 법도 알려드릴 수 있습니다. 함께 싸우면 이길 수 있습니다."

하지만 마을 사람들은 두려워하며 거절했다.

"우리가 전투를 배운다고 괴물을 이길 수 있을까요?"

"지금 배워서 소용이 있을까요?"

"우리는 영웅이 아니에요. 그냥 평범한 사람들일 뿐입니다."

그들은 무기를 받아들였지만, 그것을 단순한 도구로 사용했을 뿐이었다. 전투를 배우려고 하지도 않았다. 그러던 중 또다시 괴물들이 쳐들어왔고, 전사는 홀로 싸웠다. 그리고 이번에는 한 아이가 괴물에게 잡히고 말았다. 마을 사람들은 분노했고, 그 전사를 마을에서 내쫓아 버렸다. 그리고 얼마 지나지 않아, 그 마을은 괴물들의 약탈 본거지가 되었다.

영웅의 이야기를 들으며, 나는 묵직한 깨달음을 얻었다.

"만약 마을 사람들이 무기를 잡고 전투를 배웠다면, 적어도 자기 가족 정도는 지킬 수 있었을 텐데..."

나는 깊은 고민 끝에 영웅에게 물었다.

"마을을 지킬 방법을 알려주세요."

영웅은 단호한 목소리로 답했다.

"방법은 두 가지뿐이다. 하나, 마을 주민들이 영웅들이 사는 마을로 이주하는 것. 둘, 너희 모두가 영웅이 되는 것."

나는 그의 대답에 분노했다.

"그게 그렇게 쉬운 일이었으면, 처음부터 이렇게 고생하지도 않았겠죠!"

영웅은 조용히 말했다.

"쉬운 방법으로는 괴물들을 막을 수 없어. 도망치고 숨을 순 있지만, 결국 끝없이 쫓기는 신세가 될 뿐이다. 네가 마을을 지키고 싶다면, 네가 직접 영웅이 되어야 한다. 모든 주민이 영웅이 되면 가장 좋겠지만, 절대 그런 일은 일어나지 않겠지."

나는 머리가 어지러웠다. 하지만 결심했다.

"좋아요. 제가 영웅이 되겠습니다. 무엇을 해야 하죠?"

영웅은 미소를 지으며 대답했다.

"영웅들이 사는 마을로 가라. 그곳에서 방법을 찾을 수 있을 것이다."

나는 다시 물었다.

"그 마을은 어떻게 찾아가야 하죠?"

영웅은 마지막으로 답했다.

"동쪽으로 가라. 그 이상은 네가 스스로 찾아야 한다."

그리고 그는 바람처럼 사라졌다.

요약

인생의 중요한 순간마다 우리는 두 가지 선택의 기로에 서게 된다. 도망칠 것인가, 맞설 것인가? 이 질문은 단순한 생존의 문제가 아니라, 성공과 실패를 결정짓는 중요한 태도의 차이를 의미한다.

● 도망치는 사람 vs 맞서는 사람

도망치는 사람은 현실을 회피하며 단기적인 안정을 선택한다.

실패가 두려워 도전조차 하지 않는다.

문제를 남에게 미루거나, 환경 탓을 하며 변화를 거부한다.

단기적으로는 안전할 수 있지만, 장기적으로는 아무것도 얻지 못한다. 맞서는 사람은 두려움을 극복하고 도전한다.

실패를 성장의 기회로 삼고, 적극적으로 문제를 해결하려 한다.

변화를 받아들이고, 지속적인 학습과 노력을 통해 자신을 발전시킨다. 단기적으로는 어려움을 겪을 수 있지만, 장기적으로 성공할 가능성이 높다. 장기적인 성공은 맞서는 사람에게 주어진다. 성공은 단 한 번의 도전으로 이루어지지 않는다.

계속해서 맞서고, 넘어지고, 다시 일어서는 과정 속에서 성장하고 성과를 만들어낸다.

"도망칠 것인가, 맞설 것인가?"

이 질문을 받을 때마다, 당장의 두려움보다 장기적인 성장을 선택하는 사람이 결국 성공을 거머쥔다. 당신은 어떤 선택을 하겠는가?

04 "희망을 찾아 떠나는 길"
(The Journey to Find Hope)

※ 나는 그 순간 머릿속이 어지러웠다. 영웅들이 사는 마을로 가야 한다는 말을 듣고, 마치 내가 할 수 없는 일인 것처럼 느껴졌다. 한참을 고민한 끝에, 일단 마을로 돌아가기로 했다.

마을에 도착하니 주민들은 여전히 분주했다. 식량을 구하고 자원을 모으느라 정신이 없었다. 그들이 괴물들을 막기 위해 선택한 방법은 그저 나무로 담을 조금 더 높이는 것뿐이었다. 아무도 괴물과 싸울 생각은 하지 않았고, 오직 목숨을 부지하고 남은 식량을 지키는 것만이 그들의 관심사였다. 그 모습을 보며 다시금 생각이 들었다.

'영웅이 아니더라도 괴물 한 마리 정도는 물리칠 힘을 기르면 자기 가족만큼은 지킬 수 있을 텐데...'

그 순간, 나는 결심했다. 반드시 영웅들이 사는 마을로 가서, 우리 마을을 지킬 방법을 찾아오겠다고.

하룻밤이 지나고, 나는 마을 주민들 앞에서 선포했다.

"저는 동쪽에 있다는 영웅들의 마을을 찾아 떠납니다. 거기서 우리 마을을 지킬 수 있는 방법을 배워 꼭 돌아오겠습니다. 혹시 저와 함께 가실 분이 계십니까?"

그러나 주민들의 반응은 싸늘했다. 그들은 비웃으며 말했다.

"그런 마을이 있을 리 없어. 있다고 해도 가기 전에 죽을 거야."

"괜한 짓 하지 말고, 그냥 여기서 조용히 살아. 그게 목숨을 부지하는 길이야."

"설령 영웅들의 마을을 찾는다고 해도, 우리가 괴물을 물리칠 방법을 얻을 수 있을까?"

"같이 갈 사람이 있을까? 죽으러 가는 길인데."

"혼자 잘~~~ 가봐."

조롱과 비난이 쏟아졌지만, 나는 동요하지 않았다. 그들의 말이 내 마음을 흔들도록 두지 않았다. 확고한 목표를 가지고 있다면, 타인의 말은 신경 쓰지 않아야 한다고 나는 스스로 되뇌었다. 마음이 흔들릴 때마다 내 결심을 다시 되새겼다. 나는 살아남는 것만을 목표로 하지 않았다. 나와 내 마을을 지키기 위해 강해지기로 한 것이다.

또한 나는 비난하는 사람들의 심리를 이해하려 했다. 그들은 두려워하고 있었다. 변화를 두려워하는 사람들이 안주하려는 것은 당연한 일이었다. 하지만 나는 다르다. 나는 변화를 받아들이고, 더 강한 길을 선택했다. 타인의 비난은 내 길을 막는 것이 아니라, 내가 가야 할 길을 더욱 확고히 해주는 것일 뿐이었다.

그리고 다음 날, 나는 간단한 식량과 물품을 챙겨 마을을 떠났다. 나의 결심은 단단했다. 반드시 영웅들의 마을을 찾아, 우리 마을을 지킬 방법을 배워오리라.

요약

성공을 향한 길은 곧 희망을 찾아 떠나는 여정이다.

인생에서 우리는 수많은 장애물과 시련을 마주하게 되지만, 그 속에서도 희망을 잃지 않고 앞으로 나아가는 것이 성공의 핵심 요소다. 희망이란 단순히 기다린다고 해서 찾아오는 것이 아니다. 스스로 움직이고, 도전하며, 실패 속에서도 다시 일어서는 과정에서 희망은 발견된다.

즉, 성공하는 사람은 희망을 수동적으로 기대하는 것이 아니라, 능동적으로 찾아 나선다.

성공은 결국 희망을 향한 끝없는 여정이다.

포기하지 않고 계속해서 나아가는 사람만이 희망을 찾을 수 있으며,

그 희망 속에서 도전과 성취를 이루며 진정한 성공을 거두게 된다.

"희망을 찾아 떠나는 길"은 곧, 자기 자신의 가능성을 믿고 앞으로 나아가는 사람들의 이야기다. 당신은 지금, 희망을 향해 떠날 준비가 되어 있는가?

제 2 장

The Dream Walker

어둠 속의 발걸음

01 "나약함을 딛고, 불빛을 향해"
(Overcoming Weakness, Following the Light)

나는 해가 떠오르는 방향으로 걷기 시작했다. 처음에는 발걸음이 가벼웠지만, 시간이 흐를수록 다리와 발이 아파오기 시작했다. 3시간쯤 걸었을 때, 문득 포기하고 싶은 마음이 밀려왔다. '내가 정말 영웅들의 마을을 찾을 수 있을까?' 의심이 들기 시작했다.

옛날부터 전해져 내려오는 이야기로, 동쪽에 영웅들의 마을이 있다고 했다. 책에도 쓰여 있었으니 틀림없는 사실일 것이다. 하지만 직접 찾아 나선 지금, 그 믿음이 흔들렸다. 내가 정말 그곳을 찾을 수 있을까? 이 길이 맞긴 한 걸까?

내가 이토록 나약한 존재였을까? 뛰지도 않고 단지 3시간을 걸었을 뿐인데, 다리와 발이 아프다는 이유로 벌써부터 포기할 생각을 하고 있다니. 나 자신이 한심하게 느껴졌다.

3시간 동안 걸으면서 다시 돌아가고 싶은 마음, 집에 두고 온 중요하지 않은 물건들, 이런 모든 여러 쓸데없는 생각들이 끊임없이 들었다.

나는 마을을 떠난 첫날부터 고민에 빠졌다. 새로운 길을 떠나겠다고 결심했지만, 이내 두려움이 밀려왔다.

"지금이라도 돌아갈까?"

"원래 마을에서 살면 굶어 죽지는 않잖아?"

"괜히 어려운 길을 선택했나?"

"그냥 하던 대로 살아도…"

나의 결심은 또 어딘가에 사라져 버린 듯, 지금 이 순간 편한 상황을 갈구했다. 익숙한 일상으로 돌아가고 싶은 유혹이 강하게 나를 끌어당겼다. 발걸음을 멈추고 뒤를 돌아보았다. 멀리서 보이는 나태의 마을, 그리고 그곳에서의 쉬운 삶. 하지만 동시에 내 가슴속에는 알 수 없는 불안과 초조함이 꿈틀거렸다. 나는 선택의 기로에 서 있었다.

하지만 나는 깨달았다. 다시 일상으로 돌아가는 것은 단순한 퇴보일 뿐이라는 것을. 변화는 결심이 아니라 행동에서 시작되며, 나의 삶을 바꾸기 위해서는 지속적인 노력이 필요했다. 영웅이 된 사람들은 결코 편안한 길을 택하지 않았다. 도전과 시련을 극복하는 과정이 나를 더 강하게 만들 것이다.

나는 숨을 깊이 들이마셨다. 두려움을 버리고 앞으로 나아가기로 했다. 내 발걸음이 다시 앞으로 향했다. 이제 나는 더 이상 과거로 돌아가지 않을 것이다.

하지만 멈출 수는 없었다. 해가 지기 전에 반드시 다른 마을을 찾아야 했다. 밤이 오면 괴물들과 야생동물들에게 공격당할 가능성이 높아진다. 살아남기 위해서는 계속 걷는 수밖에 없었다.

잠시 쉬고 다시 걸었다. 두 시간쯤 지났을 때, 해가 지기 시작했다. 또다시 불안감이 엄습했다. 혹시 길을 잘못 든 것은 아닐까? 내 결심은 괜한 고집이었던 걸까? 이제라도 마을로 돌아가야 하는 걸까? 수많은 생각이 머리를 스쳤다. '이전처럼 평범하게 살아가면 안 되는 걸까?'라는 생각까지 들었다.

그러나 그 순간, 멀리서 희미한 불빛이 보였다. 마을이었다. 그 불빛을 보는 순간, 온몸의 통증이 사라지는 것 같았다. 다리와 발이 아팠지만, 그 불빛이 목적지가 되자 힘이 솟아났다. 나는 다시 빠른 걸음으로 마을을 향해 나아갔다.

그때 깨달았다. 명확한 목적지가 생기면 고통도, 피로도 견딜 수 있다는 것을. 나는 비로소 희망을 품고 앞으로 나아갈 수 있었다.

요약

성공을 이루는 과정에서 가장 먼저 극복해야 할 것은 바로 자신의 나약함이다. 두려움, 포기하고 싶은 마음, 실패에 대한 불안은 누구에게나 존재하지만, 그것을 극복하고 앞으로 나아가는 사람만이 빛(성공, 희망, 목표)에 도달할 수 있다.

"나약함을 딛고, 불빛을 향해"라는 말은 자신의 한계를 극복하고, 목표를 향해 나아가는 여정을 의미한다. 이는 곧 자기 자신과의 싸움을 이겨내야만 진정한 성공을 얻을 수 있다는 교훈을 담고 있다.

자기 자신을 극복하고 목표를 향해 나아가는 삶의 방식을 의미한다. 두려움과 실패에 멈추지 않고, 자신의 약점을 극복하며, 희망과 목표를 향해 꾸준히 걸어가는 사람만이 결국 성공에 도달한다.

당신은 지금, 나약함을 딛고 불빛을 향해 가고 있는가?

02 | "공허의 마을"
(The Hollow Village)

※ 나는 영웅마을로 가는 길에 잠시 쉬어가기 위해 일반 마을에 들어섰다. 그러나 그곳은 우리 마을과는 달리 기묘한 분위기가 감돌고 있었다. 마을 주민들은 얼굴에 생기가 없었고, 마치 무언가에 짓눌린 듯한 표정으로 하루를 보내고 있었다.

"저기요, 괜찮으신가요?"

나는 한 주민에게 다가가 조심스럽게 물었다.

하지만 그는 마치 나의 목소리가 들리지 않는 듯 고개를 숙인 채 같은 동작을 반복하고 있었다.

마을 곳곳에서는 괴물들이 출몰해 마을을 위협한다는 소문이 들려왔지만, 주민들은 그에 대한 두려움조차 보이지 않았다.

그들은 무표정한 얼굴로 자신의 일을 기계적으로 반복할 뿐이었다. 대화도 없었고, 감정도 없었다. 마치 무언가에 홀린 사람들처럼.

나는 혼란스러웠다. "왜 아무도 감정을 보이지 않는 거지? 왜 이렇게 무기력한 거야?" 나는 마을 사람들에게 말을 걸어 보려 했지만, 돌아오는 대답은 없었다.

주민들은 서로를 바라보지도 않았고, 마치 투명한 벽이 존재하는 듯했다.

마을 한가운데 낡은 나무 의자에 앉아 하늘을 멍하니 바라보는 노인이 있었다. 나는 조심스럽게 다가가 물었다.

"이 마을에 무슨 일이 있었나요?"

노인은 천천히 나를 바라보았다. 그의 눈빛에는 깊은 허무함과 체념이 담겨 있었다.

"여긴… 아무것도 변하지 않아. 괴물이 오든, 떠나든… 우리는 그저 같은 하루를 반복할 뿐이지."

나는 노인의 말을 듣고 마음 한구석이 저려왔다. 이 마을은 더 이상 희망도, 열정도 없는 곳이 되어버린 것이다. 공허함만이 이곳을 지배하고 있었다.

마을 광장에서 주민들이 웅성거리는 소리가 들려왔다. 그들은 마치 기계적으로 반복되는 대화를 나누고 있었다.

"오늘도 같은 하루네."

"내일도 같겠지."

"어차피 바뀌는 건 없어."

"그냥 주어진 대로 살면 돼."

그들의 목소리는 감정이 없었다. 기대도 없고, 실망도 없었다. 그저 하나의 흐름처럼 느껴졌다. 나는 이곳에서 더 오래 머물면 안 된다는 불길한 예감이 들었다.

나는 노인에게 숙소에 대해 물어보았다. 노인은 무표정한 얼굴로 대답했다.

"이 마을에는 작은 여관이 하나 있단다. 저기 언덕 위에 있는 빨간 지붕의 집이 바로 그곳이지. 아주 깨끗하고 편안한 곳이니 네가 쉬기에 딱 맞을 거야. 그런데 어디 가는 길이니?"

"저는 우리 마을을 지키기 위해 동쪽에 있는 영웅마을로 가고 있어요."

나는 대답하며 감사의 인사를 전했다.

노인은 나를 한참 바라보다가 조용히 입을 열었다.

"영웅마을로 간다고 했지? 그곳까지 가는 길은 쉽지 않을 거야. 나도 가본 적은 없어, 듣기만 들었지, 네 눈빛을 보니 넌 분명히 해낼 거라고 믿는다. 하지만 이 마을에 오래 머물면 안 돼. 이곳에 오래 머물면, 너도 곧 이들과 같아질 거야. 영웅마을을 가겠다는 마음을 잃어버리기 전에 말이다."

나는 노인의 말이 신경 쓰였지만, 조금 힘을 얻으며 미소를 지었다.

"네, 할아버지. 꼭 명심하겠습니다."

나는 여관으로 향하며 마음속으로 다짐했다. 이 여정이 아무리 힘들어도, 지금 나를 믿어주는 노인의 기대를 저버리지 않겠다고.

숙소는 오래된 나무로 지어진 아담한 건물이었다. 내부는 따뜻한 분위기를 풍겼다. 나는 방을 잡고 짐을 정리한 뒤, 작은 휴게실로 갔다.

휴게실에는 몇몇 사람들이 모여 있었지만, 모두가 무표정했다. 나는 조용히 앉아 쉬려 했지만, 한 남자의 한숨 소리가 들렸다. 그는 중얼거리듯 말했다.

"이런 마을에 무슨 희망이 있겠어... 아무리 노력해도 바뀌는 건 없잖아."

나는 그의 말에 관심이 생겨 조심스럽게 물었다.

"무슨 일이라도 있으신가요?"

남자는 쓴웃음을 지으며 대답했다.

"너처럼 젊은 애가 알겠어? 우리 마을은 오랫동안 괴물들에게 시달려왔지. 농사를 지어도 수확은 없고, 그나마 수확한 것도 모두 빼앗기고 있어. 사람들은 점점 지쳐가고 있어. 희망이란 게 사라진 지 오래야."

다른 사람들도 하나둘씩 자신의 이야기를 꺼냈다. 어떤 이는 가족을 잃었고, 어떤 이는 반복되는 노동 속에서 희망을 잃었다. 그들의 목소리에는 절망과 체념만이 남아 있었다.

그러나 나는 그들의 이야기를 들으며 한 가지 확신이 생겼다. 나는 영웅마을을 가야 하는 이유를 다시 떠올렸다. 강해지는 것뿐만이 아니라, 세상을 바꾸고 싶었기 때문이었다.

나는 자리에서 일어나 말했다.

"저는 믿어요. 희망이 완전히 사라진 건 아니라고요. 작은 변화라도 시작하면, 언젠가 큰 변화를 만들 수 있을 거예요."

사람들은 나를 멍하니 바라보았다. 그리고 한 여자가 조용히 말했다.

"그렇게 생각할 수도 있겠네... 넌 방법을 알고 있니? 우리가 다 해봤는데 가능하지 않아."

나는 미소를 지으며 대답했다.

"저도 아직 모르겠어요. 하지만 영웅마을에 가면 분명 방법을 찾을 수 있을 거예요."

"영웅마을? 네가 거길 가겠다고?"

나는 조용히 고개를 끄덕였다. 그러자 그녀는 피식 웃으며 옆 사람을 쳐다보았다. 옆에 있던 남자가 어깨를 으쓱하며 말했다.

"그런 건 동화 속 이야기야. 네가 거기 도착하기도 전에 포기하게 될 걸?"

또 다른 이가 혀를 차며 덧붙였다.

"굶어 죽지 않으면 다행이야. 세상은 그렇게 녹록하지 않아."

"차라리 여기 남아서 살아. 괜히 꿈 같은 소리 하지 말고. 목숨이라도 부지하는 게 중요하지 않겠어?"

나는 그들의 말을 들으며 잠시 망설였다. 하지만 곧 심호흡을 하고 단단한 눈빛으로 그들을 바라보았다.

"나는 포기하지 않을 거예요."

그들은 나를 어이없다는 듯 바라보았다. 하지만 나는 이미 결심을 굳혔다. 그들의 조롱이 나를 막을 수는 없었다.

앞으로 어떤 시련이 기다리고 있을지 몰랐다. 하지만 한 가지는 확실했다. 나는 더 이상 과거의 나로 돌아가지 않을 것이다.

그날 밤, 나는 숙소에서 잠들기 전 창밖의 별을 바라보며 다짐했다. 언젠가 이들에게 희망을 전하겠다고.

그리고 다음 날, 나는 다시 길을 떠났다. 그때 작은 남자아이가 다가와 물었다.

"형, 어디서 왔어?"

"서쪽 마을에서 왔어."

"왜 우리 마을로 온 거야?"

"영웅마을을 찾아가려고."

아이는 눈을 반짝이며 말했다.

"나도 크면 영웅마을에 갈 수 있어?"

그러나 그 순간, 아이의 어머니가 다가와 단호한 목소리로 말했다. "그런 마을은 없어. 그리고 가는 길에 죽을 거야. 넌 여기서 부모님 일이나 돕고 공부나 열심히 해. 쓸데없는 생각 하지 말고."
나는 떠나는 길에 슬픈 표정의 아이를 향해 손을 흔들었다. 그의 작은 손짓이 머릿속에 깊이 남았다. 이 아이가 새로운 세상을 볼 수 있기를, 희망을 잃지 않기를 간절히 바랐다.

요약

성공을 이루기 위해 가장 중요한 요소 중 하나는 목표와 의미 있는 삶을 추구하는 태도다. 그러나 공허의 마을은 삶의 목표 없이 그저 하루하루를 살아가는 사람들의 모습을 담고 있다.
이 마을에는 열정도, 성장도, 희망도 존재하지 않는다.
겉으로 보기엔 평화로워 보이지만, 실상은 무의미한 반복 속에서 점점 더 삶의 활력을 잃어가는 곳이 바로 공허의 마을이다.
"공허의 마을"은 실패한 사람들이 모인 곳이 아니다.
오히려 변화를 두려워하는 사람들, 목표 없이 살아가는 사람들이 갇혀버린 공간이다. 이곳에서 벗어나기 위해서는 두려움을 극복하고, 자기 자신을 변화시켜야 한다.

목표를 정하고, 성장하는 삶을 살아라.

두려움을 핑계로 삼지 말고, 도전하라.

작은 성공을 경험하며, 삶의 의미를 찾아라.

공허함을 채우는 것은 다른 사람이 아니라, 자기 자신이다.

이제 당신은 공허의 마을에서 벗어나기 위해 무엇을 할 것인가?

03 "시험의 길, 의지의 시험"
(The Path of Trials, The Test of Will)

태양이 머리 위에서 이글거렸다. 나는 영웅마을로 가는 길을 묵묵히 걸었다. 희망을 품고 출발했지만, 시간이 흐를수록 그 길이 결코 쉽지 않음을 깨달았다. 배낭에는 얼마 안 되는 돈과 식량, 그리고 마을에서 가져온 작은 단도 하나가 있을 뿐이었다.

길을 걷다 보니 울창한 숲이 나타났다. 나무들이 길을 가로막아 그늘을 드리웠고, 주위는 점점 어두워졌다. 순간, 나뭇가지 사이에서 휙 하는 소리가 들려왔다. 긴장한 순간, 몇 명의 남자가 숲속에서 모습을 드러냈다.

그들은 허름한 옷차림의 도적들이었다. 하지만 눈빛만큼은 날카롭게 빛나고 있었다.

"이봐, 여행자. 어디 가는 길이지?"

가장 앞에 선 도적이 능글맞게 물었다.

"어디 가는 길이지, 꼬마야?"

나는 침착하려 애쓰며 대답했다.

"영웅마을로 가는 길입니다. 아무런 문제가 없다면 지나가게 해주세요."

도적들은 비웃으며 낄낄댔다.

"문제라... 문제라. 이봐, 우리한텐 네가 지나가는 게 문제일 수도 있거든?"

도적은 내 말을 듣고 피식 웃더니, 옆에 서 있던 동료를 바라보았다.

"영웅마을이라? 그러면 배낭 속에 좋은 물건이 많이 들어있겠군."

옆에 있던 도적들이 낄낄 웃으며 내 배낭을 흘끗거렸다. 또 다른 도적이 혀를 차며 말했다.

"순순히 넘기면 다치지 않을 거야. 우리도 먹고살아야 하거든."

나는 숨을 깊이 들이마셨다. 도망치기도 어렵고, 싸우기에도 역부족이었다. 하지만 이대로 물러설 수는 없었다. 나는 단단한 눈빛으로 그들을 바라보며 말했다.

"그럴 수 없습니다. 저는 제 길을 가야 합니다."

도적들의 웃음이 사라졌다. 앞에 서 있던 도적이 눈을 가늘게 뜨며 한 걸음 다가왔다.

"흥, 꽤나 당돌한 꼬마군. 그렇다면 네가 얼마나 버틸 수 있는지 한 번 볼까?"

나는 주먹을 꽉 쥐었다. 이제 선택의 시간이 다가오고 있었다.

그들은 내게 다가왔다. 나는 단도를 움켜쥐었지만, 상대는 많았고 나는 혼자였다. 누군가 내 팔을 잡아 비틀었고, 다른 도적이 내 배낭을 거칠게 빼앗았다. 나는 저항했지만, 이내 거친 손길에 떠밀려 바닥에 나뒹굴었다.

"이제 이건 우리 거야."

도적의 우두머리가 배낭을 열어보더니 비웃었다. "이게 뭐야? 한 끼밖에 해결 못 하겠군."

나는 절망했다. 가진 것을 모두 빼앗기고 이 험난한 길을 어찌 나아갈 수 있을까. 손으로 땅을 짚고 간신히 일어나려 할 때, 갑자기 묵직한 발소리가 들려왔다.

"그만둬라."

저 멀리서 한 남자가 걸어오고 있었다. 검은 망토를 두른 장대한 체격의 남자였다. 그의 허리에는 긴 검이 차 있었고, 강렬한 아우라가 그를 감쌌다.

도적들은 처음엔 그를 비웃었다. "뭐야, 또 다른 먹잇감인가?"

그러나 남자는 한마디도 하지 않았다. 그 대신 그는 조용히 검을 뽑았다. 햇빛을 받아 반짝이는 검날이 숲속의 어둠을 가르며 빛났다. 그의 눈빛이 매섭게 번뜩이자, 도적들은 움찔했다.

누가 봐도 영웅의 모습이었다.

"썩 꺼져라. 다치고 싶지 않다면."

그의 목소리는 낮고 깊었으나, 묘한 위압감을 지니고 있었다. 도적들의 표정이 서서히 변했다. 상대가 혼자임에도 불구하고, 왠지 싸우면 안 될 것 같은 기운이 느껴진 듯했다. 몇 초간 정적이 흐르더니, 우두머리가 이를 악물고 말했다.

"흥, 운이 좋았네, 꼬마."

그렇게 말하며 도적들은 내 배낭을 던져 놓고 숲속으로 사라졌다. 나는 간신히 정신을 차리고 배낭을 주웠다. 모든 것이 무사한지 확인한 뒤, 영웅을 바라보며 감사의 인사를 전했다.

"정말 감사합니다! 아니었으면 저는…"

영웅은 미소를 짓지 않았지만, 고개를 끄덕였다.

"이런 길을 혼자 걷는 건 위험하지."

나는 머쓱하게 웃었다.

"영웅마을로 가는 길이었어요. 하지만 이제 가진 것도 얼마 없고, 갈 수 있을지 모르겠어요."

영웅은 나를 한동안 바라보더니 말했다.

"영웅마을로 가는 길은 쉽지 않지."

나는 눈을 반짝이며 물었다.

"그럼 영웅마을로 가는 길을 아세요? 아신다면, 알려주세요! 제발 부탁드립니다!"

그러나 영웅은 흔들림 없는 목소리로 대답했다.

"미안하지만, 영웅마을로 가는 길은 알려줄 수가 없다. 우리 마을의 규칙이지. 하지만 동쪽에 있다는 것만 말해줄 수 있네."

나는 당황했다.

"도대체 왜 다들 그렇게 자세한 길을 알려주지 않고 방향만 제시하는 거예요?"

영웅은 잠시 침묵하다가 답했다.

"영웅마을에 들어올 수 있는 첫 번째 조건이야. 스스로 그 길을 찾지 못하면, 영웅마을에 도착해도 버틸 수 없지. 그리고 영웅들은 그런 이를 인정하지 않는다."

나는 말문이 막혔다. 영웅은 덧붙였다.

"한 가지만 충고하지. 괴물들만 네가 가는 길을 막는 것은 아니야. 같은 인간도 조심해야 한다. 네 의지를 꺾는 것은 대개 같은 인간들과 바로 너의 마음이지."

그렇게 말한 그는 서쪽을 향해 걸어갔다. 나는 서늘한 바람을 맞으며 그의 뒷모습을 바라보았다. 머릿속이 복잡했다.

나는 영웅의 말을 되새기며 숲길을 걸었다.

"괴물들만 네 길을 막는 것은 아니야. 같은 인간도 조심해야 한다. 네 의지를 꺾는 것은 대개 같은 인간들과 바로 너의 마음이지."

그때 숲속에서 바스락거리는 소리가 들려왔다. 반사적으로 단도를 움켜쥐었다. 어둠 속에서 붉은 눈동자가 반짝였다. 순간, 괴물인가 싶었지만, 그건 인간이었다. 어두운 후드를 깊이 눌러쓴 사내가 나를 바라보고 있었다.

"길을 찾고 있나?"

그의 목소리는 낮고 부드러웠지만, 묘하게 속삭이듯 들렸다. 나는 경계를 늦추지 않고 대답했다.

"그렇다."

"그렇다면 선택을 해야겠군." 그가 미소를 지었다. "이 길은 험난하지. 네가 가려는 영웅마을까지는 수많은 괴물과 함정이 도사리고 있어. 네가 이대로 가다간, 피투성이가 되어 쓰러질 게 뻔해."

나는 움찔했다. 그 말이 틀린 건 아니었다. 여기까지 오는 동안에도 수많은 위기를 넘겼다. 앞으로의 길이 더 험난할 거라는 건 나도 알고 있었다.

"하지만 내가 길을 알려주지. 안전한 길이 있단 말일세."

"안전한 길?"

그는 고개를 끄덕였다.

"그래. 힘들게 싸울 필요 없어. 영웅마을에 도착하는 방법은 여러 가지야. 모든 걸 다 정면으로 부딪쳐야 하는 건 아니지. 이 길을 따라가면 거의 싸울 필요 없이 목적지에 도착할 수 있어."

내 내면에서 또 다른 내가 속삭였다.

"그래, 지금까지도 충분히 힘들었잖아. 왜 굳이 더 위험한 길을 가야 해? 편한 방법이 있다면 이용하는 게 현명한 거 아냐?"

"아니야. 그건 올바른 길이 아닐지도 몰라."

"하지만 목적지가 같다면 방법이 중요할까? 어차피 영웅마을에 도착하는 게 목표잖아. 그리고 네가 강해질 필요가 있긴 해? 힘든 길을 가봐야 결국 지쳐 쓰러지기만 할 텐데."

나는 흔들렸다. 하지만 뭔가 이상했다. 아무런 대가 없이 이런 중요한 정보를 준다는 게 말이 될까?

"그 길을 알려주면 너한테 뭐가 좋은데?"

그는 피식 웃더니, 마치 당연하다는 듯 말했다.

"공짜는 없지. 세상에 공짜는 없는 법이야."

그는 손을 내밀며 덧붙였다.

"네가 가진 식량과 돈을 내놓으면, 나는 길을 알려주겠어. 그리 비싼 대가는 아니지 않나? 네가 위험을 감수하지 않아도 되고, 안전하게 목적지에 도착할 수 있는 값어치 있는 정보야."

나는 그의 손을 내려다보았다. 배낭 속에는 남은 빵 두 조각과 말린 고기, 그리고 약간의 동전이 있었다. 많지 않은 양이었지만, 이걸 잃으면 나는 스스로 버틸 수 없을 것이었다.

내 안에서 또 다른 목소리가 속삭였다.

"그래도 어차피 목적지까지 가면 먹을 것도 있겠지. 지금 힘을 아껴야 해. 이 길이 정말 위험하다면, 이 식량을 가진 채 죽는 것보다 살아서 가는 게 낫지 않을까?"

"하지만 그가 진짜로 안전한 길을 알려준다는 보장이 없어. 만약 거짓말이라면?"

그는 내 표정을 읽었는지 부드럽게 웃으며 말했다.

"나는 사기꾼이 아니야. 너를 속일 생각은 추호도 없어. 그저 현실적인 거래를 할 뿐이지. 내가 너에게 아무런 이득 없이 길을 알려준다면, 오히려 수상하지 않겠어? 이건 서로가 좋은 거래야."

나는 눈을 질끈 감았다.

"정말 믿어도 되는 걸까? 아니면 이건 단순한 사기일까?"

나는 다시 그의 손을 내려다보았다. 주머니 속의 동전이 유독 무겁게 느껴졌다. 식량도 그렇고. 이걸 내어주면 한동안 배고픔을 견뎌야 한다. 하지만 위험한 길을 피할 수 있다면……

나는 천천히 손을 들어 배낭을 열려고 했다.

그 순간, 머릿속을 스치는 말이 있었다.

"네 의지를 꺾는 것은 대개 같은 인간들과 바로 너의 마음이지."

나는 손을 멈췄다.

"아니." 나는 단호하게 말했다. "나는 내 길을 찾을 거야."

그의 눈이 차갑게 변했다.

"그렇다면 네 선택을 존중하지."

그 순간, 그의 모습이 검은 안개처럼 사라졌다.

그렇다, 이것은 나의 나약한 마음이 만들어낸 환상이었다.

나는 깊이 숨을 들이마셨다. 이제야 알겠다. 영웅의 길을 걷는다는 것은 괴물과 싸우는 것이 아니라, 내 안의 나약함과 맞서는 것이었다. 유혹과 편함을 선택하는 것은 단순한 길이지만, 나 스스로 내 길을 찾을 때만이 진짜 강해질 수 있다.

나는 다시 걸음을 내디뎠다. 내 길을 가는 것은 오직 나 자신뿐이니까.

영웅마을로 가는 길은 단순히 물리적인 길이 아니라, 스스로 찾아야 할 길이라는 사실을 이제야 깨닫고 있었다.

요약

성공을 향한 여정은 수많은 시험과 도전 속에서 자신의 의지를 증명하는 과정이다. 이 길을 걷는 사람은 반드시 어려움에 맞서야 하며, 자신의 신념과 목표를 지키려는 강한 의지가 필요하다. 이 이야기 속 주인공은 영웅마을이라는 목표를 가지고 있지만, 길을 가는 과정에서 수많은 난관에 부딪힌다.

도적들의 습격 → 예상치 못한 위기와 시련

영웅의 등장과 조언 → 목표를 향해 가는 방법을 직접 알려주지 않음.

길을 직접 찾아야 한다는 원칙 → 스스로 해결해야만 성공할 수 있다.

이러한 요소들은 성공을 이루는 과정에서 반드시 마주하는 현실적인 교훈을 담고 있다.

"성공을 이루기 위해서는 반드시 시험을 통과해야 한다."는 것이다.

장애물을 피하지 말고, 정면으로 맞서라. 목표를 이루기 위해 누군가가 대신 길을 만들어주길 기대하지 마라. 성공을 방해하는 것은 외부 환경이 아니라, 스스로의 약해진 의지다.

영웅이 직접 길을 알려주지 않는 이유는 스스로 찾는 과정에서 진정한 성장과 성공이 이루어지기 때문이다.

성공을 원한다면, 길이 보이지 않아도 걸어나가야 한다. 그리고 그 길 위에서 수많은 시험을 넘어야만 진정한 성취를 이룰 수 있다.

04 | "두려움을 넘어, 한 걸음 앞으로"
(Beyond Fear, One Step Forward)

제2장 _ 어둠 속의 발걸음

"나의 내면을 강화시켜야 해!" 나는 마음속으로 웅얼거렸다.

웅얼거리면서도 나의 약한 내면은 끊임없이 나에게 속삭였다. "역시 한 번도 가보지 못한 나에게는 미지의 길일 뿐인가? 지금이라도 포기할까?"

"또 도적 떼를 만나면, 그때 나는 어떻게 해야 하지?" 나의 온 마음에 걱정이 먹구름처럼 드리워졌다.

그래도 일단 해가 저물어 가기 때문에 나는 걷고 또 걸었다.

깊은 숲속, 해가 저물어 가는 하늘 아래 나는 거친 숨을 몰아쉬며 나무에 기대어 앉았다. 길을 나선 지 며칠 만에 몸도 마음도 지쳐버렸고, 다시 마을로 돌아가고 싶다는 생각이 머릿속을 맴돌았다. 두려움이 나를 짓눌렀다.

"마을에서 아무런 의미 없이 살아가던 그날도 두렵고, 영웅마을을 찾아 떠나는 이 길도 두려운데, 도대체 난 어떻게 해야 하지?" 나는 나지막이 중얼거리며 눈물을 흘렸다. 차가운 밤공기가 뺨을 식혀 주었지만, 마음속 불안은 가라앉지 않았다.

그렇게 깊은 고민 속에서 나는 어느새 깜빡 잠이 들고 말았다. 그리고 꿈을 꾸었다. 꿈속에서 나는 안개에 싸인 낯선 장소에 서 있었다. 내 앞에는 갑옷을 입은 한 전사가 서 있었고, 그의 눈빛은 강렬하면서도 따뜻했다. 전사는 단호한 목소리로 말했다.

"포기할 것인가, 아니면 앞으로 나아갈 것인가? 선택은 오직 네 몫이다."

나는 망설였다.

"하지만 저는 너무 약하고, 겁이 많아요. 어떻게 계속 나아갈 수 있죠?"

전사는 검을 꺼내 땅에 꽂으며 말했다.

"영웅이란 강한 자가 아니라, 끝까지 나아가는 자를 의미한다. 모든 길은 두려움으로 가득 차 있다. 하지만 두려움을 정면으로 마주하고 한 걸음씩 나아가라. 그렇지 않으면 너는 영원히 제자리에서 멈춰있을 것이다."

그 순간, 안개가 걷히며 밝은 빛이 내 앞을 비추었고, 나는 가슴속에 뜨거운 무언가가 차오르는 것을 느꼈다. 바로 희망이었다. 나는 결심했다. 더 이상 망설이지 않겠다고.

눈을 떴을 때, 나는 여전히 숲속의 나무 아래에 앉아 있었다. 하지만 내 눈빛은 달라져 있었다.

더 이상 두려움에 머물지 않겠다는 결심이 가슴속에서 불타오르고 있었다. 나는 다시 짐을 챙겨 일어섰다. 앞으로 어떤 어려움이 닥쳐오더라도, 나는 멈추지 않을 것이었다.

그렇게 나는 새로운 다짐과 함께 다시 길을 나섰다. 앞으로 나를 기다리는 것은 수많은 시련과 모험이었지만, 나는 이제 알고 있었다. 영웅의 길이란 두려움을 극복하며 한 걸음씩 나아가는 것임을.

해가 저물어 가며 나는 마을을 찾지 못했고, 야외 취침을 준비해야 했다. 포기하지 않고 앞으로 나아가겠다는 다짐을 굳건히 하며 잠자리를 나뭇가지와 나뭇잎들로 만들었다.

이런 어두운 밤에 숲속에서 잠을 자는 것이 너무나 무섭고 떨렸지만, 지금 동쪽으로 움직이며 소리를 내었다간 더 위험한 상황을 초래할 수 있었다. 나는 두려운 마음을 억누르며 잠을 청하려 애썼다.

그때 나의 오른편에서 풀잎 스치는 소리가 들렸다. 어두운 밤 숲속은 아무것도 보이지 않기 때문에 공포가 온몸을 감쌌다.

또다시 바스락거리는 소리가 들려왔다. 나는 두 눈을 감고 온몸을 돌처럼 굳혔다. 소리는 멈추지 않고 10초에 한 번씩 들려왔다.

'확인해 봐야 할까? 괴물이면 어떡하지? 들짐승이면 어떡하지? 도적이면 어떡하지?'

머릿속은 온갖 내가 두려워하는 대상들로 가득 찼다. 나는 사시나무처럼 떨고 있었다.

'이대로라면 잠도 못 자고, 두려워 떨다 지쳐 쓰러지거나, 더 힘든 아침을 맞이해서 영웅 마을로 가는 것에 지장이 생길 수도 있겠어. 일단 단도를 들고 조심스럽게 확인해 보는 거야!'

나는 용기를 내어 가방에서 단도를 꺼내 조심스럽게 낮은 포복 자세로 바스락 소리가 나는 곳을 향해 접근했다. 내 숨소리조차 들리지 않을 정도로 조용하게 움직였다.

그리고 그 소리의 진원지에 도착해 확인하는 순간, 나는 허망함을 느꼈다.

나뭇가지 하나가 나무에서 떨어져 바람에 흔들리며 나뭇잎과 마찰을 일으키고 있었던 것이다.

나는 나뭇가지를 보며 허탈한 한숨을 내쉬었다. "이 작은 나뭇가지를 나는 괴물, 들짐승, 도적으로 상상하고 공포에 떨었어?"

하지만 정말 다행인 것은 내가 두려워했음에도 불구하고 직접 확인했다는 것이다.

그때 나는 깨달았다.

'그렇구나! 만약 내가 두렵고 무섭다고 확인하지 않았다면 아침이 올 때까지 저 나뭇가지를 괴물, 들짐승, 도적으로 여기고 계속 떨고 있었을 거야! 하지만 직접 확인한 순간, 이 두려움은 순식간에 사라졌어!'

나는 작은 경험 하나로 마음이 조금은 단단해지는 것을 느꼈다. 설령 숲속에 괴물이나 도적, 들짐승이 있다고 하더라도 차라리 내가 정신을 차리고 직접 확인하는 것이 올바른 대응이라는 교훈을 얻었다.

그렇게 아침이 밝자 나는 나뭇가지를 주워 가방에 넣었다. 두렵고 무서운 상황이 다시 찾아왔을 때, 이 나뭇가지를 바라보며 마음을 다잡기 위해. 나의 첫 번째 두려움 극복의 증거이자, 앞으로 나아가기 위한 작은 상징이었다.

요약

성공을 이루는 과정에서 가장 큰 장애물 중 하나는 두려움이다.
두려움은 인간의 본능적인 감정이며, 새로운 도전과 미지의 세계 앞에서 누구나 경험하게 된다. 그러나 성공한 사람들은 두려움을 피하지 않고, 그것을 극복하며 한 걸음씩 앞으로 나아간다. 이 이야기는 두려움을 마주하고 극복하는 과정이 어떻게 인간을 성장시키는지를 보여준다. 두려움은 상상의 산물이다. 주인공은 처음부터 두려움과 불안 속에 휩싸여 있다.

'도적을 또 만나면 어떻게 하지?'

'괴물이 나타나면 어떡하지?'

'이 길이 맞는 걸까? 그냥 포기해야 하나?'

이처럼 두려움은 아직 일어나지 않은 일에 대한 막연한 공포에서 시작된다. 하지만 실제 상황을 확인해 보면, 두려움의 대부분은 존재하지 않는 허상이라는 것을 깨닫게 된다. 막상 행동에 나서고, 직접 경험해 보면 그 두려움이 과장된 것임을 깨닫게 된다.

주인공이 바람에 떨어진 나뭇가지가 내는 소리를 괴물이나 도적으로 착각하며 두려워했던 것처럼, 우리는 스스로 만들어낸 두려움 속에서 갇혀 살아가고 있는지도 모른다.

❖ 제 3 장 ❖

The Dream Walker

선택과 시련의 갈림길

01 "순응의 마을"
(The Village of Submission)

 나는 숲속에서 밤을 보내고 다시 길을 떠났다. 몇 번의 험난한 길을 지나고 해가 저물 무렵, 드디어 새로운 마을에 도착했다. 멀리서 본 마을은 번잡한 시장과 움직이는 인파로 활기가 넘쳐 보였다. 이전에 머물렀던 공허한 마을과는 분명 다른 느낌이었다.

하지만 가까이 다가갈수록 분위기가 이상했다. 사람들은 바쁘게 움직이고 있었지만, 눈빛에는 생기가 없었다. 상인들은 기계적으로 손님을 맞이했고, 일꾼들은 무표정하게 노동을 반복하고 있었다. 마치 하루를 견뎌내기 위해 살아가는 것처럼 보였.

'이 마을에는 또 어떤 비밀이 있는 거지?' 나는 조용히 혼잣말을 했다.

일단 여관을 찾기로 했다. 거리를 걷다 보니 한 낡은 간판이 눈에 띄었다. "붉은 벽돌 여관"이라 적힌 곳이었다. 나는 문을 밀고 들어갔다.

여관 주인은 피곤한 얼굴로 나를 맞이했다.

"여행객인가 보군. 어디서 왔나?"

"저는 먼 서쪽 마을에서 왔어요. 그런데 이 마을은 꽤 분주하네요. 특별한 이유라도 있나요?"

여관 주인은 잠시 나를 바라보더니 피식 웃었다.

"분주하긴 하지. 먹고 살기 위해서 바쁘니까. 다들 하루하루를 버티는 데 집중하는 거야. 네가 무슨 생각을 하든 상관없지만, 여기선 쓸데없는 꿈 같은 건 꾸지 않는 게 좋아."

나는 잠시 생각에 잠겼다. 꿈을 꿀 수 없는 마을이라니. 마치 이전에 머물렀던 공허한 마을과 정반대 같으면서도, 결국 같은 문제를 안고 있는 곳처럼 느껴졌다.

"이 마을은 영웅이 같이 살지는 않나요?"

그러자 여관 주인은 피식 웃으며 말했다.

"영웅? 그런 게 왜 필요하지? 우린 그런 거 없어도 살아."

나는 의아해서 다시 물었다.

"그럼 괴물들이 쳐들어오면 어떻게 하나요?"

이번엔 여관 주인의 얼굴에서 희미한 미소가 사라졌다.

"괴물? 우리는 갈취당하는 게 아니야. 우리가 스스로 준비해 놓지. 괴물들이 나타나기 전에 그들이 만족할 만큼 공물을 바치면, 우리 마을은 평화롭게 살 수 있어."

나는 순간 얼어붙었다.

"뭐라고요? 괴물들에게 빼앗기는 게 아니라, 스스로 준비해서

준다고요?"

여관 주인은 담담하게 고개를 끄덕였다.

"그렇지. 다들 먹고 살아야 하잖아. 괴물과 싸워봤자 이길 가능성은 없고, 괜히 저항했다간 마을이 초토화될 수도 있어. 그러느니 차라리 우리가 원하는 걸 지킬 수 있는 선에서 맞춰주는 게 낫지 않겠어?"

나는 말문이 막혔다.

'이들은 괴물들에게 저항할 생각조차 없잖아. 그냥 순순히 복종하고 있어... 이건 마치 괴물들의 하수인이 된 것 같잖아!'

나는 생각을 정리하기 위해 여관방을 잡고 하룻밤을 묵기로 했다. 하지만 마음이 쉽게 가라앉지 않았다.

다음 날 아침, 마을을 탐색하며 사람들과 이야기를 나눴다.

대장장이를 찾아갔다. 그는 강철을 두드리며 열심히 생활도구를 만들고 있었지만, 그의 눈빛에는 불꽃이 없었다.

"이 마을은 언제부터 괴물들에게 공물을 바치기 시작했나요?"

대장장이는 멈추지 않고 망치를 두드리면서 대답했다.

"아주 오래전부터였지. 처음엔 저항도 해봤어. 하지만 몇 번이고 마을이 불타고 사람들이 다치고 나니, 이게 차라리 낫다는 결론이 났어. 무기를 만들어도 소용이 없었어. 우리가 아무리 날카로운 검을 들고 싸운다 해도, 괴물들을 막을 수는 없었으니까."

나는 그의 말에 씁쓸함을 느꼈다.

'이들은 전투를 포기한 게 아니라, 그저 살아남기 위한 최선이라고 믿는 거야.'

광장으로 갔다. 마을 사람들이 무리를 지어 회의를 하고 있었다.

"이번엔 식량을 얼마나 바쳐야 하지?"

"그놈들이 만족할 만큼 줘야지. 그래야 우리도 좀 더 편히 살 수 있잖아."

"혹시라도 부족하게 주면 더 많이 빼앗아 갈 거야."

나는 이 광경을 믿을 수 없었다. 마을 사람들은 해결책을 찾는 것이 아니라, 스스로 더 많은 것을 내어주기 위해 고민하고 있었다.

그때, 나는 광장 한쪽에서 묶여 있는 소년을 발견했다. 소년은 두 손이 등 뒤로 묶여 있었고, 입에는 천이 물려 있었다. 눈빛에는 분노가 가득했다.

나는 호기심에 다가가 한 마을 주민에게 물었다.

"저 소년은 누구죠?"

주민은 한숨을 쉬며 대답했다.

"저 친구는 몇 달 전, 이 마을에 와서 괴물들에게 저항하자고 선동했어. 우리가 직접 싸울 방법을 찾아야 한다고 말이야. 하지만 다들 알잖아. 괴물들과 싸우는 건 무모한 짓이야. 마을 사람들도 동요하기 시작했지. 그래서 결국 그를 붙잡아 두고 있지."

나는 충격에 휩싸였다.

'괴물들과 싸우려는 소년을 마을 사람들이 스스로 가둬 놓았다고?'

나는 묶인 소년과 눈이 마주쳤다. 소년은 간절한 표정으로 나를 바라보고 있었다.

"이 소년을 풀어줘야 하는 걸까?"

내 머릿속이 복잡해졌다. 나는 지금껏 많은 마을을 봤지만, 이곳처럼 스스로를 포기한 곳은 처음이었다. 싸우려는 사람을 배척하는 마을이라니.

이 마을에 더 머물러야 할까, 아니면 떠나야 할까?

나는 결정을 내려야 했다.

나는 마을 광장에서 본 묶여 있던 소년의 모습을 잊을 수 없었다. 소년의 눈빛 속에는 분명한 분노와 결의가 있었다. 그는 단순히 절망에 빠져 있거나 체념한 소년이 아니었다. 싸울 준비가 된 소년이었다. 하지만 마을 사람들은 소년을 배척하고 감금해 버렸다.

'왜? 저 소년이 틀린 말을 한 것도 아닌데…'

마을 사람들의 태도가 이해되지 않았다. 괴물들과 싸울 의지가 있는 사람을 가두고, 그저 순순히 공물을 바치는 것만이 최선이라고 믿다니. 마치 길들여진 가축처럼 스스로를 괴물들의 지배 아래 두고 있었다.

밤이 깊어가면서 나는 고민했다.

이곳에서 더 오래 머물러야 할까? 아니면 떠나야 할까? 하지만 무엇보다 저 소년을 그냥 두고 가야 할까?

내가 지금 풀어준다면 마을 사람들은 다시 소년을 붙잡아 가둘지도 모른다. 아니면 더 심한 벌을 내릴지도 몰랐다. 하지만 그를 그냥 두고 간다면, 소년은 이곳에서 점점 희망을 잃고, 결국 이 마을의 일부가 되어버릴 것이다.

'나는 무엇을 해야 할까?'

결국 나는 결심했다. 소년을 풀어주기로.

밤이 깊어졌다. 마을의 불빛이 하나둘 꺼지면서 거리에는 인적이 사라졌다. 대부분의 마을 사람들은 하루의 노동에 지쳐 깊이 잠들었을 것이었다. 나는 조용히 여관 문을 나섰다. 한기가 느껴지는 밤공기 속에서 나는 후드를 눌러쓰고 그림자처럼 움직였다.

소년이 묶여 있던 장소는 광장의 한쪽 구석, 창고 옆이었다. 소년은 낮 동안 꽤 단단한 밧줄로 묶여 있었고, 근처에는 두 명의 마을 주민이 배치되어 있었다.

"생각보다 경계가 허술하군…"

나는 조용히 다가가 숨을 죽이고 지켜보았다. 두 명의 마을 주민은 근처에 작은 화로를 피워 놓고 졸린 눈을 비비며 이야기하고 있었다.

"저 자식, 한때는 장사꾼이라더니 웬 영웅 흉내야."

"하긴, 괜히 저항해 봤자 괴물들한테 마을이 초토화될 텐데… 미친놈이야."

"내일이면 촌장이 그 녀석을 다른 마을로 내쫓는다고 했어. 그러면 골칫거리 하나 사라지는 거지."

나는 마을 주민들의 대화를 들으며 조용히 다가갔다. 화로 불빛이 주민들의 시야를 흐리게 만들고 있었다. 그것을 이용해 그림자 속에서 움직였다.

사뿐히, 최대한 조용히.

주민들이 잠시 한숨을 돌리는 사이, 나는 그들의 뒤편으로 살며시 접근했다. 그리고 준비했던 돌멩이를 멀리 던졌다.

"톡!"

소리가 나자, 주민 둘은 깜짝 놀라며 몸을 돌렸다.

"뭐지?"

"저쪽에서 소리가 났어."

주민들이 조심스럽게 그쪽으로 걸어가는 순간, 나는 소년이 묶여 있는 곳으로 빠르게 다가갔다. 소년의 손과 발목은 튼튼한 밧줄로 꽁꽁 묶여 있었고, 입에는 천이 물려 있었다.

소년이 눈이 나를 보자마자 순간 크게 흔들렸다. 나는 조용히 손가락을 입술에 갖다 대며 "쉿!" 하고 신호를 보냈다. 그리고 신속하게 단도를 꺼내 밧줄을 자르기 시작했다.

밧줄은 생각보다 단단했지만, 나는 이를 악물고 조심스럽게 잘라 나갔다. 그리고 마지막 매듭을 풀었을 때, 소년은 몸을 움직일 수 있게 되었다.

"후…" 나는 속삭였다. "지금 당장 조용히 빠져나가야 해."

소년은 깊이 끄덕였다. 입에 물려 있던 천을 빼주자, 소년은 나지막한 목소리로 말했다.

"날 도와줄 줄은 몰랐어요. 고마워요."

"일단 마을을 나가는 게 먼저야. 주민들이 돌아오기 전에 빠져나가자."

나는 재빠르게 주위를 살폈다. 다행히도 주민들은 아직 내가 던진 돌이 떨어진 방향을 살피느라 정신이 팔려있었다.

"이쪽으로."

나는 소년을 데리고 창고 뒤편으로 이동했다. 창고 뒤쪽에는 마을 외곽으로 이어지는 작은 오솔길이 있었다. 우리는 소리를 내지 않도록 신경 쓰면서 조심스럽게 걸었다.

멀리서 주민들의 목소리가 들려왔다.

"아무것도 없잖아."

"아니, 뭔가 이상해. 저 녀석, 혹시…"

"뭐?"

그 순간, 나는 소년의 팔을 붙잡고 속삭였다.

"지금이야, 뛰어!"

우리는 몸을 숙이고 오솔길을 따라 달렸다. 차가운 밤공기를 가르며 달리는 동안, 나는 한 번 뒤를 돌아보았다. 마을의 희미한 불빛이 점점 멀어지고 있었다. 이제 그곳은 나를 받아주지 않을 곳이었고, 이 소년도 마찬가지일 것이었다.

결국 우리는 깊은 숲속까지 도망치는 데 성공했다. 숨을 고르며 나무에 기대어 앉자, 비로소 현실이 실감 났다. 나는 혼자가 아니었다.

소년이 조심스럽게 나를 바라보며 물었다.

"왜 날 도와주셨어요?"

나는 깊게 숨을 내쉬었다. 사실 나조차도 정확한 이유를 몰랐다. 하지만 단 한 가지 확실한 것은 마을 사람들의 행동이 옳지 않다는 것을 깨달았다는 점이었다.

"넌 틀린 말을 한 게 아니었어." 나는 조용히 말했다. "나도 처음에는 그냥 조용히 지나가려고 했어. 하지만 네가 마을 사람들에게 붙잡히고, 가둬진 걸 보면서 생각이 바뀌었지. 이건 아니라고 생각했어."

소년은 고개를 끄덕였다.

"저도 처음엔 그들을 이해하려 했어요." 그는 나지막이 말했다. "그들의 선택을 존중하려고 했지요. 하지만 점점 깨달았어요. 그들은 살아남기 위해 괴물에게 복종하는 게 아니라, 그냥 두려움 속에서 안주하는 거였어요."

나는 그의 말을 곱씹었다. 단순한 생존이 아니라, 두려움에 굴복한 삶. 그것이 그들을 약하게 만들었고, 결국 변화를 두려워하게 만든 것이었을까?

나는 잠시 생각에 잠겼다가 물었다.

"하지만 넌 왜 마을 사람들에게 괴물과 맞서 싸우자고 했지?"

단순히 두려움을 이겨내야 한다고 생각했기 때문이야?"

소년은 조용히 나를 바라보았다. 그리고 마치 오랫동안 준비한 이야기처럼 조심스럽게 입을 열었다.

"몇 달 전이었어요. 저는 마을 도서관에서 한 권의 책을 발견했어요."

"책?"

"네." 소년은 고개를 끄덕였다. "오래된 책이었어요. 먼지가 잔뜩 쌓여 있었고, 표지도 낡아서 제목이 다 지워졌지만, 안에 있는 내용은 저를 사로잡았어요."

나는 조용히 그의 이야기를 들었다.

"그 책에는 영웅들의 이야기와 그들이 살아가는 방식이 담겨 있었어요. 그들이 어떻게 싸웠고, 어떤 신념을 가졌으며, 무엇을 위해 목숨을 걸었는지. 그리고…… 영웅마을에 대한 이야기도 있었어요."

나는 순간 멈칫했다.

"영웅마을!"

그 단어가 그의 입에서 나오는 순간, 가슴 한편이 묘하게 뛰었다. 내가 향하는 곳, 내가 꿈꾸는 곳. 하지만 내 여정은 나만의 것이었다. 그렇게 생각했는데, 이 소년도 같은 꿈을 꾸고 있었다.

소년은 내 표정을 살피며 조심스럽게 말을 이었다.

"영웅마을에서는 용기 있는 자들만이 살아갈 수 있대요. 거기선 모두가 괴물과 싸우는 걸 두려워하지 않고, 스스로 강해지려고 노력한대요. 저는 그걸 읽고 깨달았어요. 우리가 마을에서 괴물에게 복종하며 살아가는 건 잘못됐다고요. 우리가 힘을 합치면, 싸울 수도 있었을 거라고요!"

나는 조용히 숨을 들이마셨다.

"그래서 마을 사람들에게 그 이야기를 했던 거구나." 나는 조용히 말했다.

소년은 씁쓸한 미소를 지었다.

"네. 저는 그들에게 말했어요. 우리가 두려움에 지배당하는 게 아니라, 용기를 내야 한다고. 괴물에게 맞서야 한다고. 하지만…… 그들은 제 말을 믿지 않았어요. 오히려 저를 위험한 자라고 여겼어요. 마치…… 마을을 망칠 존재처럼요."

나는 한숨을 내쉬었다.

"그들은 변화가 두려웠던 거야."

소년은 천천히 고개를 끄덕였다.

"그렇겠죠. 하지만 저는 이제 후회하지 않아요. 제가 할 수 있는 건 이미 했으니까요. 그리고……"

그는 내 눈을 똑바로 바라보았다.

"저는 영웅마을을 찾을 거예요."

나는 놀라서 그를 바라보았다.

그 말이 내게 묘하게 와 닿았다.

"찾는다."

나는 이미 그곳을 향해 가고 있었다. 혼자서. 그리고 이 여정은 내 몫이라고 생각했다. 하지만 이 소년이 같은 길을 이야기하자, 그 순간 나는 처음으로 내 여행이 혼자가 아닐 수도 있다는 걸 깨달았다.

나는 그를 바라보며 천천히 숨을 들이마셨다.

"너 혼자서는 어려울 수도 있어." 나는 시미치를 떼며 말했다.

소년은 미소를 지었다.

"이제는 돌이킬 수 없는 상황이 되어버린걸요?" 머쓱하게 웃으며 나에게 이야기를 했다.

나는 조용히 웃었다.

지금 내 앞에 있는 이 소년은 나를 예상치 못한 감정 속으로 밀어 넣었다. 나는 늘 홀로 걸어야 한다고 생각했다. 하지만 이제 내 여정에 누군가가 함께할 수도 있다는 생각이 들었다.

"그래." 나는 작게 웃으며 대답했다. "너 혼자 보내긴 좀 그러니까. 나도 한 번 믿어보지, 네가 본 그 책을."

소년은 놀란 듯하다가, 이내 기쁜 표정을 지었다.

"고마워요!"

나는 자리에서 일어나 주위를 둘러보았다.

"영웅마을이 어디에 있는지 확신할 순 없지만…… 우리가 포기하지 않고 찾으면 반드시 찾을 수 있어!"

소년은 힘차게 고개를 끄덕였다.

그렇게 해서 우리는 다시 길을 떠났다. 괴물에게 굴복하지 않는 삶을 꿈꾸며 영웅마을을 찾아서.

나는 이제 혼자가 아니었다.

요약

현실을 바꾸려 하지 않고, 주어진 환경에 그대로 적응하며 살아가는 사람들의 모습을 상징한다. 이곳의 사람들은 괴물들에게 공물을 바치며 저항하지 않고, 현실을 받아들이는 것만이 생존하는 길이라고 믿는다. 그러나 그들의 삶은 진정한 평화도, 자유도 없는 상태이며, 오직 순응 속에서 하루하루를 버티는 것일 뿐이다.

이 이야기는 현실 속에서도 많은 사람들이 환경과 어려움에 순응하며 살아가는 모습을 반영한다. 그리고 순응하는 삶이 왜 성공을 방해하는지, 어떻게 극복해야 하는지를 보여준다.

"순응의 마을"은 현실에서도 쉽게 찾아볼 수 있다.

현실을 바꾸기보다 그냥 참고 살아가는 사람들, 자신이 바꿀 수 있는 부분마저도 포기하는 사람들, 새로운 도전을 두려워하며, 익숙한 것만 반복하는 사람들.

하지만 성공한 사람들은 순응하는 삶을 거부한다.

그들은 두려움을 극복하고, 익숙함에서 벗어나 스스로 변화를 만들어 간다.

"당신은 지금, 순응의 마을에 머물고 있는가? 아니면 스스로 길을 개척하고 있는가?"

02 | "용기를 선택한 소년"
(The Boy Who Chose Courage)

우리는 잠시 숲속에서 쉬고 있었다. 소년은 잠이 들었고, 나는 잠시 혼자 생각할 것이 있어서, 조금 떨어진 곳에서 눈을 감고 생각에 잠겼다. 밤하늘에는 희미한 별들이 반짝이고 있었고, 숲속은 고요했지만, 어딘가 모르게 불안한 기운이 감돌고 있었다.

그 순간, 내 곁으로 다가오는 작은 그림자가 있었다. 소년이었다. 그는 조용히 내 옆에 앉아 한동안 아무 말 없이 밤하늘을 바라보았다. 마치 무엇인가를 말하고 싶어 하지만 망설이는 듯했다.
나는 다시 소년에게 묻고 싶었다. "영웅마을에 가고 싶은 이유가 뭐야?" 조용한 목소리로 물었다.
소년은 깊은 한숨을 쉬었다. "이곳에서는 희망이 없어요. 마을 사람들은 괴물들에게 공물을 바치는 걸 당연하게 여기고, 일부는 아예 괴물들을 숭배하려고 해요. 그렇게 살아가는 게 맞는 걸까요? 저는 이해할 수 없어요." 그의 목소리에는 분노와 실망이 섞여 있었다.

나는 잠시 생각에 잠겼다. 영웅마을. 그곳에 가면 진짜로 희망을 찾을 수 있을까? 마을에서 듣기로는 영웅마을에 가려던 이들은 대부분 돌아오지 못했다고 했다. 어떤 이들은 거기에 도달하기도 전에 길을 잃었고, 또 어떤 이들은 영웅이 되겠다는 야망을 품고 떠났지만 끝내 실패했다.

나는 씁쓸한 미소를 지으며 말했다. "잘 모르지만, 영웅마을도 완벽한 곳은 아닐 거야. 또한 강한 자만이 살아남을 수 있는 곳이라던데. 우리 같은 사람들이 가서 버틸 수 있을까?"

소년은 잠시 망설였다. 그러다 힘을 준 듯 단호한 목소리로 말했다. "하지만 여기서 가만히 있는 것보다는 나아요. 아무것도 하지 않으면 아무 일도 일어나지 않으니까요."

그 말이 내 마음을 흔들었다. 소년의 말은 분명 맞았다. 하지만 현실은 냉혹했다. 나는 고개를 저으며 말했다.

"우리가 영웅마을에 가더라도 반드시 환영받을 거라는 보장은 없어. 우리가 가진 것이라곤 아무것도 없고, 길도 모호하고, 더구나… 살아남을 수 없을지도 몰라."

소년은 고개를 끄덕였지만, 눈빛은 흔들리지 않았다. "맞아요. 위험할지도 모르죠. 하지만 적어도 시도는 할 수 있어요. 저는 도망치는 것보다 싸우고 싶어요."

나는 한숨을 쉬었다. 그리고 그의 말을 곱씹었다. 도망치는 것보다 싸우는 것이 낫다. 어쩌면 나 역시 그것을 바라고 있었을지도 모른다. 단지 두려웠던 것뿐이다.

"좋아." 나는 천천히 고개를 끄덕였다. "떠나자."

소년의 얼굴에 미소가 번졌다. 그 미소는 절망 속에서도 희망을 품은 듯, 어두운 밤을 환하게 밝히는 빛과 같았다. 하지만 마음속 깊은 곳에서는 여전히 불안감이 가득했다. 우리가 가려는 길이 올바른 것인지, 영웅마을이 과연 우리가 찾는 희망이 있는 곳인지 확신할 수 없었다.

우리는 서로를 바라보며, 한 걸음씩 이 숲을 떠날 준비를 했다. 우리의 여정은 결코 쉽지 않을 것이었다. 괴물들의 위협도, 사람들의 비난도 우리를 기다리고 있을 것이었다. 하지만 우리는 이제 두려움 없이 나아갈 준비가 되어 있었다.

길을 나서며 나는 한 번 더 되물었다. "정말 후회하지 않을 거지?"

소년은 주먹을 꽉 쥐었다. "후회하지 않을 거예요. 적어도 이대로는 살고 싶지 않으니까요."

나는 미소를 지으며 말했다. "좋아. 영웅마을은 동쪽으로 가다 보면 있을 거야."

그렇게 우리는 희망과 불안을 안고, 어둠 속을 향해 첫발을 내디뎠다. 두려움과 기대가 교차하는 이 여정이 어디로 향할지는 알 수 없었지만, 최소한 우리는 더 이상 멈추지 않을 것이다.

요약

두려움 속에서도 앞으로 나아가기로 결심한 주인공과 소년의 성장 이야기이다. 주인공과 소년은 처음에는 불안과 두려움 속에 머물렀지만, 결국 자신들의 힘으로 변화를 선택하고 더 나은 미래를 향해 나아간다. 이것은 성공을 이루기 위해 필수적인 요소인 '용기의 선택'을 의미하며, 현실에서도 성공하는 사람들이 가지는 중요한 태도를 반영한다.

주인공과 소년은 "용기를 선택하는 것"이 결국 자신의 운명을 결정하는 가장 중요한 요소라는 사실을 깨달았다.

그들은 두려움을 극복하고 한 걸음씩 앞으로 나아가는 것이 영웅이 되는 길임을 알게 되었다.

이는 모든 성공의 과정에서도 동일하게 적용된다. 두려움 속에서도 도전하는 사람이 결국 성장한다. 현실에 순응하지 않고 변화를 선택한 사람이 더 나은 미래를 만든다.

용기를 선택하는 순간, 당신의 인생은 달라진다.

"지금, 당신은 용기를 선택하고 있는가?"

소년과 나는 동쪽으로 발걸음을 옮겼다. 우리가 함께 향하는 곳은 "영웅마을"이었다. 전설에 따르면, 그곳은 모든 이들이 자신만의 이야기를 만들어가는 곳이라고 했다. 하지만 그곳까지 가는 길은 험난하다는 소문도 있었다. 마을을 떠난 사람들 중, 그곳에 도달한 이는 거의 없었다고 했다.

우리는 숲속으로 들어섰다. 나무들은 하늘을 가릴 정도로 높았고, 곳곳에서 새들의 울음소리가 들렸다. 처음엔 긴장감이 감돌았지만, 소년은 점점 자연에 익숙해지는 듯했다. 그는 나뭇잎 사이로 비치는 햇살을 보며 미소를 지었다.

"여기서도 희망의 빛이 보이네요," 소년이 말했다.
나는 고개를 끄덕이며 말했다. "희망은 어디에나 있어. 우리가 그것을 찾으려는 의지만 있다면 말이야."

길을 걷던 중, 우리는 낡은 다리를 발견했다. 오래된 나무로 만들어진 다리는 바람이 불 때마다 삐걱거리는 소리를 냈다. 밑으로는 깊고 거센 강물이 흐르고 있었다. 검푸른 물결이 바위에 부딪쳐 부서지며 소용돌이를 만들었다.
나는 다가가서 다리를 살펴보았다. 밟아도 되는 곳인지 조심스레

발끝으로 눌러보았지만, 나무는 불안하게 휘어졌다. 한 걸음만 더 디디면 부서질 것만 같았다.

소년도 다리를 바라보며 불안한 기색을 감추지 못했다.

"이걸 건너야 하는 건가요…?"

나는 다리 건너편을 바라보았다. 우리가 가야 할 길은 분명 저 너머에 있었다. 하지만 이 다리를 건너는 건 위험했다.

"이 다리는 너무 낡았어. 다른 길이 있을지도 몰라. 돌아가 보자."

소년은 안도의 한숨을 내쉬며 고개를 끄덕였다.

우리는 다른 길을 찾기 위해 주변을 돌아다녔다. 하지만 강은 길게 이어져 있었고, 도저히 돌아갈 만한 길이 보이지 않았다. 바위를 타고 강을 건너려 해도 강물의 흐름이 너무 빨랐다. 발을 헛디디면 그대로 휩쓸려 버릴 것이었다.

소년이 조용히 중얼거렸다.

"결국… 이 다리를 건너야만 하는 건가요?"

나는 다리를 다시 바라보았다. 확실히 위험했다. 하지만 우리는 이곳에서 계속 머물 수도, 강을 돌아갈 수도 없었다.

내 머릿속에서 성공의 법칙이 떠올랐다.

"위험을 피하는 것이 안전을 보장하지 않는다. 오히려 위험을 직면하고 극복하는 자만이 새로운 길을 개척할 수 있다."
나는 한숨을 내쉬며 말했다.

"그래. 결국 선택해야 해. 이 다리를 건너느냐, 아니면 여기서 멈추느냐."

소년은 나를 바라보았다.

"하지만… 이 다리가 부서지면 우린 강물에 빠질 거예요."

나는 그의 말에 고개를 끄덕였다.

"맞아. 위험해. 하지만 성공하려면 항상 안전한 길만 선택할 수는 없어. 무서워도, 위험해도 앞으로 나아가야 해. 우리가 영웅 마을에 가려는 이유가 뭔데?"

소년은 한순간 말없이 나를 바라보았다. 그리고 이내 단호한 얼굴로 고개를 끄덕였다.

"맞아요. 영웅들은 위험을 두려워하지 않죠."

나는 미소를 지었다.

"하지만 무모하게 뛰어들면 안 돼. 신중하게 건너야지."

나는 먼저 다리 위에 한 발을 내디뎠다. 낡은 나무가 삐걱거렸지만, 다행히 아직 버틸 수 있었다. 나는 천천히 균형을 잡으며 한 걸음씩 나아갔다. 다리의 약한 부분을 피해 발을 디디면서 조심스럽게 움직였다.

소년도 나를 따라 천천히 걸어왔다.

"괜찮아요?!"

"응. 천천히 와."

강한 바람이 불어와 다리를 흔들었다. 나무가 흔들리며 불안한 소리를 냈다. 나는 손에 땀이 배는 걸 느끼면서도 침착함을 유지하려 애썼다.

한 걸음, 또 한 걸음.

그리고 마침내, 나는 반대편에 도착했다. 손을 짚고 땅을 확인하는 순간, 긴장이 풀렸다. 나는 뒤를 돌아보았다.

소년도 거의 다리를 건너오고 있었다. 하지만 그 순간, 다리 아래에서 나무가 퍽 하고 부러지는 소리가 들려왔다.

소년이 비명을 지르며 중심을 잃었다.

"잡아!"

나는 몸을 날려 그의 손을 붙잡았다. 소년은 허공에 매달린 채 강물 위로 떨어질 뻔했다. 그의 손이 미끄러지지 않도록 나는 힘껏 붙잡았다.

"조금만 버텨! 내가 끌어올릴게!"

소년이 필사적으로 내 손을 잡았다. 나는 온 힘을 다해 그를 끌어당겼다. 몇 초가 몇 시간처럼 느껴졌다. 그리고 마침내, 소년은 땅

위로 올라왔다.

우리는 한동안 바닥에 누워 거친 숨을 내쉬었다.

"후… 진짜 죽는 줄 알았어요."

소년이 숨을 헐떡이며 말했다. 나는 그를 바라보며 피식 웃었다.

"하지만 해냈잖아."

소년도 이내 웃었다.

"그러네요. 우리… 해냈어요."

나는 그의 어깨를 가볍게 두드렸다.

"이게 바로 영웅들이 가는 길일 거야. 두려움을 이겨내고 앞으로 나아가는 것. 지금 이 순간, 우리는 한 걸음 더 성장한 거야."

소년은 빛나는 눈으로 나를 바라보았다.

"앞으로 더 많은 어려움이 있겠죠?"

나는 고개를 끄덕였다.

"그렇겠지. 하지만 지금처럼 한 걸음씩 나아가면, 결국 영웅마을에 도착할 수 있을 거야."

소년은 결연한 표정을 지었다.

"저, 무섭지만… 이제 조금은 알 것 같아요. 영웅이 되는 길이 어떤 건지."

나는 자리에서 일어나며 손을 내밀었다.

"그럼 가볼까? 영웅마을까지, 아직 갈 길이 멀어."

소년은 내 손을 붙잡고 일어섰다.

우리는 다시 길을 걸었다.

조금씩 더 강해진 채로.

그 후로도 우리는 계속해서 길을 걸었다. 날이 저물 무렵, 우리는 작은 오두막을 발견했다. 오두막은 오래되어 보였지만, 안에서 희미한 불빛이 새어 나오고 있었다. 나는 소년에게 말했다. "저기서 오늘 밤을 보낼 수 있을지도 몰라. 가보자."

소년은 불빛을 응시하며 조심스레 말했다. "누가 있을까요?"

나는 오두막을 바라보며 잠시 생각했다. "모르겠어. 하지만 문을 두드려보면 알 수 있겠지."

천천히 다가가 문을 두드렸다. 안에서는 인기척이 느껴졌다. 우리는 긴장된 마음으로 문이 열리기를 기다렸다.

요약

모든 위대한 성공은 험난한 여정을 시작하는 순간부터 시작된다.

이 여정은 불확실성과 도전으로 가득 차 있지만, 그 속에서 진정한 성장이 이루어진다.

성공한 사람들은 안전한 길을 선택하지 않고, 어렵지만 가치 있는 길을 선택한다.

바로 자신만의 목표를 향해 나아가는 험난한 여정에 첫걸음을 내딛는 것이 진정한 성공의 시작이다. 진정한 성공을 향한 첫걸음이 어렵지만 필수적임을 보여준다.

두려움을 극복하고 시작해야 한다.

여정 속에서 성장하고 배우는 과정이 중요하다.

첫걸음을 내디딜 때, 비로소 새로운 가능성이 열린다.

"당신은 지금, 새로운 여정을 시작할 준비가 되었는가?"

04 "완벽함을 버리고 나아가라"
(Let Go of Perfection and Move Forward)

제3장 _ 선택과 시련의 갈림길

 길을 따라 걷던 우리는 작은 오두막을 발견했다. 낡은 문을 조심스레 두드리자, 안에서 부드러운 목소리가 들려왔다.

"들어오렴."

문이 열리자, 한 할머니가 우리를 맞아주었다. 연세는 대략 80세 이상으로 보였고, 주름진 얼굴에는 따뜻한 미소가 떠올라 있었다. 그녀는 우리를 한 번 훑어보더니 다정한 목소리로 말했다.

"여행 중인가 보구나? 들어와서 쉬어라."

전혀 경계하지 않는 그녀의 모습에 우리는 감사의 인사를 하고 오두막 안으로 들어갔다. 오두막 안은 벽난로가 타오르고 있어 훈훈한 공기가 감돌았다. 밖에서 불어오는 차가운 바람과는 대조적으로, 마치 오랫동안 알고 지낸 이의 집처럼 편안한 느낌이 들었다.

우리가 자리를 잡자, 할머니는 따뜻한 수프를 한 그릇씩 내주었다. 김이 모락모락 피어오르는 국물에서 구수한 향이 났다. 우리가 감사한 마음으로 수프를 막 한 숟가락 떠먹는 찰나, 할머니가 물었다.

"너희는 어딜 여행하는 중이니?"

나는 수프를 삼킨 후 활짝 웃으며 대답했다.

"네, 저희는 영웅마을을 찾아 여행하는 중이에요!"

내 대답을 들은 할머니는 조용히 미소 지었다. 마치 그 이름이 익숙한 듯한 표정이었다. 나는 갑자기 궁금증이 생겨 빠르게 질문을 던졌다.

"할머니, 그런데 왜 혼자 숲속 오두막에서 지내고 계신 거예요?"

할머니는 조용히 고개를 끄덕이며 과거를 떠올리는 듯했다. 그리고 이내 천천히 입을 열었다.

"나도 서쪽에 있는 마을에 살았단다. 젊을 때 괴물들의 괴롭힘을 견디지 못하고, 나도 영웅마을을 찾아 떠났지."

소년과 나는 숨을 죽이고 그녀의 이야기를 들었다. 나는 더욱 궁금해져 조심스럽게 물었다.

"어떻게 되셨어요? 영웅마을을 찾으셨나요?"

할머니는 깊은 한숨을 내쉬었다.

"찾았으면 좋았겠지만, 결국 못 찾았어."

그녀의 목소리에는 쓸쓸함이 묻어 있었다.

"그때 나는 너무 많은 생각과 두려움, 고민 속에 갇혀 있었지. 그것이 나를 가로막는 가장 큰 장애물이었다."

나는 더욱 궁금해져 다시 물었다.

"어떤 장애물이었나요? 좀 더 자세히 말씀해 주실 수 있을까요? 저희에게 큰 도움이 될 것 같아요!"

할머니는 한동안 침묵하다가, 벽난로의 불길을 바라보며 천천히 말을 이었다.

"나는 완벽한 길을 찾으려 했단다. 이러지도 저러지도 못하고 영웅마을로 가는 확실한 방법만을 고민했어. 하지만 세상에는 완벽한 길이 없다는 것을 나이가 들어서야 깨달았지. 20대 때부터 고민만 하다 보니, 벌써 나이가 들고 기력이 약해져서 더 이상 모험을 할 수 없게 된 거야."

할머니는 수프를 한 모금 마시고는 이야기를 이어 나갔다.

"일단 무조건 동쪽으로 갔어야 했어. 하지만 나는 계속 주저했고, 시간을 허비했지. 완벽한 해결책을 찾지 못하면 나아갈 용기조차 생기지 않는다는 걸 깨달았어. 결국 나이가 들어 마을로 돌아가려고 했지만, 사람들의 비난과 비웃음이 두려워 돌아가지도 못하고 이곳에 남게 된 거야."

소년이 조심스럽게 물었다.

"사람들의 비난이요?"

할머니는 고개를 끄덕였다.

"그래. 내가 떠나기 전에도, 떠난 후에도 사람들은 나를 향해 손가락질했어. '꿈 같은 소리 한다.'며 비웃었지. '괴물들이 판치는 세상에서 영웅마을 같은 게 있을 리 없다.', '현실을 봐라. 너도 결국 돌아올 거다.', '괜한 헛수고 하지 말고, 그냥 우리처럼 살아.' 그런 말을 수도 없이 들었단다. 처음엔 버티려 했지만, 시간이 지날수록 그 말들이 내 마음속에 자리 잡기 시작했어."

나는 잠시 입술을 깨물었다. 그 말들은 마치 우리가 떠나올 때 들었던 말들과 같았다.

"할머니, 만약 다시 돌아간다면, 같은 선택을 하실 건가요?"

나는 조심스럽게 물었다. 할머니는 작게 웃었다.

"아마도 다르게 했겠지. 고민만 하느라 발걸음을 떼지 못했던 과거의 나에게, 난 이렇게 말하고 싶어. '완벽한 길은 없다. 일단 가다 보면 길은 완벽해지는 거야.' 너희도 잊지 말거라. 두려움에 사로잡혀 멈춰 있으면, 결국 아무것도 이루지 못한다는 걸."

나는 가슴 깊이 그녀의 말을 새겼다. 소년도 고개를 끄덕였다.

"어이쿠, 미안하구나. 수프가 식기 전에 얼른 먹어라."

할머니는 다정하게 웃으며 말했다. 우리는 조용히 수프를 떠먹었다.

잠시 침묵이 흐른 뒤, 나는 또 하나의 궁금증이 떠올랐다.

"할머니, 그런데 괴물들이 오두막을 찾아와 약탈하지 않았나요? 어떻게 견디셨어요?"

할머니는 씁쓸한 미소를 지으며 말했다.

"괴물들이 몇 번 찾아왔었지. 하지만 약탈할 것이 없다고 생각했는지, 아니면 내가 너무 늙고 병들어 힘없는 노인이라 생각했는지 한 번 오고는 다시 나타나지 않더구나."

그녀는 벽난로의 불길을 바라보며 조용히 덧붙였다.

"나이가 들고 병들어 노쇠하니 자유가 생긴 것이야. 하지만 참으로 아이러니하지? 죽음을 앞두고 얻은 자유가 무슨 의미가 있겠니?"

나는 그 말에 가슴이 먹먹해졌다. 소년도 조용히 손을 꼭 쥐었다.
식사를 마친 우리는 할머니께 우리의 여정을 이야기했다. 그녀는 고개를 끄덕이며 말했다.

"영웅마을로 가는 길은 쉽지 않을 거야. 하지만 너희가 서로를 믿고 함께한다면 반드시 도달할 수 있을 거야."

나와 소년은 결의에 찬 눈빛으로 고개를 끄덕였다.
다음 날 아침, 우리는 할머니께 작별 인사를 하고 다시 길을 떠났다. 길을 떠나기 전, 할머니는 마지막으로 말했다.

"길을 걷다 보면 많은 두려움과 어려움을 만나겠지. 하지만 멈추지 말고 앞으로 나아가거라. 그것이 진정한 영웅이 되는 길이란다."

우리는 마지막으로 할머니께 인사를 하고, 다시 동쪽을 향해 발걸음을 옮겼다.

우리 앞에는 아직도 긴 여정이 남아 있었지만, 이제 우리는 더 이상 두려워하지 않기로 했다.

완벽한 길을 찾는 대신, 우리가 걷는 길을 완벽하게 만들기로.

요약

성공을 이루는 과정에서 가장 흔한 장애물 중 하나는 완벽함을 추구하는 태도이다.

완벽함을 목표로 삼으면, 실행보다 준비에 집중하게 되고, 결국 아무런 행동도 하지 못하는 경우가 많다. 반면, 완벽하지 않더라도 일단 시작하고, 나아가며 개선하는 것이 진정한 성공의 길이다. "완벽함을 버리고 나아가라."라는 말은 "실패를 두려워하지 말고, 일단 시작하라."는 의미를 담고 있다.

성공한 사람들은 처음부터 완벽하지 않았다.

하지만 그들은 두려움을 극복하고, 계속해서 나아갔다.

완벽함보다 중요한 것은, 끊임없이 성장하고 도전하는 것이다.

성공을 원한다면, 완벽해질 때까지 기다리지 마라.

일단 시작하고, 과정 속에서 더 나아지는 것이 진정한 성공의 길이다.

"당신은 지금, 완벽함을 기다리며 멈춰 있는가? 아니면 실행하며 성장하고 있는가?"

제 4 장

The Dream Walker

끝없는 여정, 그리고 마주한 공포

01 "두려움을 넘어선 순간"
(The Moment Beyond Fear)

나와 소년이 함께 동쪽으로 길을 걷던 중, 가장 우려하던 일이 벌어졌다. 숲속에서 괴물과 마주친 것이다. 그것은 짙은 검은색 털로 덮인 거대한 몸집을 가지고 있었고, 붉은 눈이 어둠 속에서 번뜩였다. 날카로운 이빨 사이로 침을 흘리면서 우리를 노려보며 낮게 으르렁거렸다. 마치 우리가 제 발로 걸어 들어온 먹잇감이라도 되는 듯했다.

소년은 두려움에 떨며 내 뒤로 숨었다.

나는 심장이 요동치는 것을 느꼈지만, 최대한 침착하려 애썼다.

"싸울 것인가, 도망칠 것인가."

몸이 얼어붙었다. 숨을 깊이 들이쉬어도 심장은 거칠게 뛰었고, 머릿속은 혼란스러웠다. 도망치고 싶은 본능이 강하게 밀려왔다. 나는 이곳에서 싸울 자신이 없었다. 모든 근육이 긴장되고, 다리가 떨려왔다.

"도망쳐야 해. 이건 너무 위험해. 싸운다면 죽을지도 몰라."

그러나 또 다른 목소리가 들려왔다.

"도망친다면, 앞으로도 계속 도망만 치게 될 거야. 지금 이 순간을 넘어서지 않으면 영원히 두려움 속에 살게 될 거야."

나는 손을 꽉 쥐었다. 두려움이 마음을 마비시키려 할 때, 나는 스스로에게 말했다.

"두려움은 나를 지배할 수 없어. 나는 내 선택을 해야 해. 승리하는 자들은 두려움이 없는 자가 아니라, 두려움을 넘어서 싸운 자들이야."

나는 눈을 감았다가 떴다.

"움직이지 마." 나는 소년에게 조용히 말했다.

소년은 잔뜩 겁에 질린 눈으로 나를 바라보았다.

"숨을 죽이고, 내 말을 따라."

나는 천천히 단도를 꺼내 들었다. 여행을 떠날 때부터 가지고 있던 무기였지만, 실제로 괴물과 싸우는 것은 처음이었다. 손에 힘을 주려 했지만, 떨림이 느껴졌다. 그러나 나는 겁먹지 않으려 애썼다. 소년이 보고 있으니, 나까지 두려워하면 안 됐다.

괴물은 우리를 지켜보며 서서히 몸을 낮추더니, 갑자기 거대한 발톱을 내질렀다.

나는 반사적으로 단도를 들어 막았지만, 강한 충격에 몸이 밀려났다. 팔이 저려왔다.

"이대로 당하면 끝이야!"

괴물의 두 번째 공격이 이어졌다. 나는 재빨리 몸을 굴려 피했지만, 발목에 아슬아슬하게 스치는 느낌이 들었다. 바람을 가르는 날카로운 소리가 들리며, 괴물의 발톱이 내가 있던 자리를 긁고 지나갔다.

"안 돼!" 소년이 비명을 질렀다.

나는 괴물을 노려보며 숨을 골랐다. 이렇게 힘의 차이가 큰 상대에게 정면으로 싸운다면 분명 불리했다.

그렇다면 다른 방법을 찾아야 했다.

"약점이 있을 거야… 반드시."

나는 괴물을 자세히 살펴보았다. 그리고 발견했다.

이 거대한 몸집에도 불구하고, 오른쪽 다리가 살짝 불안정해 보였다. 걸을 때마다 미세하게 흔들렸다.

"바로 저기야. 공격할 기회가 있다."

"소년, 저쪽으로 가!" 나는 외쳤다.

소년은 혼란스러워했지만, 내 말을 따랐다.

나는 괴물의 시선을 나에게로 집중시키기 위해 돌을 던졌다.

그 순간, 소년도 손을 뻗어 돌을 집어 들었다. 그는 한순간 망설였지만, 곧 이를 악물고 괴물을 향해 돌을 힘껏 던졌다. 돌은 괴물의 얼굴을 스치며 튕겨 나갔고, 괴물은 당황한 듯 움찔했다.

괴물은 화가 난 듯 포효하더니, 다시 한번 돌진해 왔다.

나는 이번엔 정면으로 피하지 않았다.

대신 괴물이 나를 덮치려는 순간, 그 마지막 순간에 옆으로 빠져

나갔다.

괴물의 몸이 균형을 잃고 기울어지는 순간, 나는 온 힘을 다해 단도를 휘둘렀다.

날카로운 단도가 괴물의 다리를 베었다.

괴물은 고통스러운 비명을 질렀다. 균형을 잃고 몸이 한쪽으로 쓰러졌다. 바닥이 진동할 정도의 거대한 충격음이 울려 퍼졌다.

이제 우리에게 기회가 왔다.

"소년, 지금이야! 뛰어!"

소년과 나는 전력을 다해 숲속으로 뛰어갔다. 괴물은 부상으로 인해 빠르게 따라오지 못했다.

한참을 달린 후, 우리는 숨을 헐떡이며 커다란 나무 뒤에 몸을 숨겼다.

"살았어… 우리, 살았어…" 소년이 숨을 몰아쉬며 말했다.

나는 그를 바라보았다. 소년은 여전히 겁에 질려 있었지만, 그의 눈빛에는 뭔가 다른 것이 서려 있었다.

"방금, 난… 너무 무서웠지만, 그래도 도망치기만 하진 않았어요." 소년이 말했다. "싸우는 동안 난 가만히 있지 않았어요. 돌이라도 던지려 했어요. 뭔가라도 해야 한다고 생각했어요."

나는 그 말을 듣고 웃음을 지었다.

소년은 조금씩 변하고 있었다. 단순히 두려움에 떨기만 했던 아이가 아니라, 자신도 싸울 준비가 되어가고 있었다.

나는 그의 머리를 쓰다듬었다.

"잘했어. 다음엔 더 잘할 수 있을 거야."

소년은 고개를 끄덕였다.

우리 앞에는 여전히 험난한 길이 남아 있었다.

하지만 방금의 경험이 우리를 더 강하게 만들었을 것이었다.

나는 다시 앞으로 나아가기로 결심했다.

이제는 두려움을 넘어서야 할 때였다.

소년도 나와 함께였다.

그리고 우리는 다시 영웅마을을 찾아 동쪽으로 발걸음을 옮겼다.

그렇게 우리는 서로를 도우며 계속해서 길을 걸었다. 시간이 지나면서 우리는 점점 더 강해졌고, 서로에 대한 신뢰도 깊어졌다.

요약

성공을 가로막는 가장 큰 장애물은 두려움이다.

우리는 실패할까 봐, 남들의 시선이 신경 쓰여서, 혹은 잘못된 선택을 할까 봐 망설인다.

하지만 두려움을 넘어선 순간, 우리는 비로소 새로운 가능성을 마주하게 된다.

이 이야기는 두려움을 극복하는 과정에서 인간이 성장하고, 더 큰 성공을 향해 나아갈 수 있음을 보여준다.

"두려움을 넘어선 순간"은 인생에서 가장 중요한 변곡점이 된다.

두려움을 극복하면, 자신감과 성장의 기회가 주어진다.

두려움 속에 머물러 있으면, 변화도 없고 성공도 없다.

성공한 사람들은 모두 두려움을 넘어서 한 걸음 더 나아간 사람들이다.

이제 질문은 단 하나다.

"당신은 지금 두려움 속에 머물고 있는가, 아니면 그것을 넘어설 준비가 되었는가?

02 | "지식의 마을, 그리고 한계"
(The Village of Knowledge and Its Limits)

그리고 우리는 괴물에게 도망친 후, 동쪽으로 끝없이 길을 걸어갔다. 우리의 발걸음은 피곤함과 배고픔으로 무거웠지만, 멈출 수는 없었다. 그러던 중, 저 멀리 작은 마을 하나가 눈에 들어왔다. 소년의 얼굴에는 희미한 희망의 빛이 떠올랐고, 나 또한 마음 한구석에서 안도감을 느꼈다.

마을에 가까워질수록 그곳은 다른 마을들과는 확연히 다른 분위기를 풍기고 있었다. 마을 입구에는 튼튼한 나무 울타리가 세워져 있었고, 그 안쪽으로는 정교하게 설계된 밭과 과수원이 펼쳐져 있었다. 사람들은 바쁘게 움직이고 있었지만, 그들의 표정에는 긴장감보다는 여유로움이 담겨 있었다. 이곳은 괴물들의 위협 속에서도 생존을 위해 현명하게 살아가는 방법을 터득한 듯 보였다.

마을의 중앙 광장에 도착하니, 한 노인이 우리를 반겼다. 그는 긴 흰 수염을 가진 지혜로운 모습의 사람이었고, 그의 눈빛은 따뜻함과 신뢰를 담고 있었다.

"여행자들이군요. 괴물들로부터 도망쳐 온 것이오?" 우리의 행색을 본 노인이 물었다.

나는 고개를 끄덕이며 대답했다. "네, 괴물로부터 도망치긴 했지만, 더 이상 버틸 힘이 없어 이곳까지 오게 되었습니다."

노인은 잠시 생각에 잠기더니 우리를 마을 한쪽으로 이끌었다.

"이곳은 괴물들과 싸우는 것이 아니라, 그들을 피하며 살아가는 법을 배운 마을이오. 우리는 직접적인 전투보다는 지혜와 기술로 생존을 선택했소."

노인의 안내로 우리는 작은 집으로 들어갔다.

그곳은 단출하지만 따뜻한 느낌이 드는 곳이었다.

노인은 우리에게 음식을 내주며 말했다.

"이곳에서 잠시 쉬어가시오. 하지만 기억하시오, 괴물들과 맞서 싸우려는 사람들에게 이 마을은 잠시는 안전할 수 있지만, 영원히 머물 수 있는 곳은 아니오."

나와 소년은 허겁지겁 음식을 먹으며 물었다. "왜요? 이곳은 정말 안전해 보이는데요?"

노인은 깊은 한숨을 내쉬며 대답했다.

"괴물들은 점점 더 강해지고 있소. 우리가 아무리 피하고 대비하더라도, 언젠가 그들은 이곳을 발견할 것이오. 그래서 우리는 항상 대비하며 새로운 기술과 방법을 연구하고 있소."

나는 그의 말을 듣고 고개를 끄덕이며 노인에게 물었다.

"똑똑한 마을 주민들이라면 피하지만 말고 가지고 계신 지식과 더불어 괴물들과 싸워서 이길 수 있는 전투를 익히면 더 안정적으로 살아갈 수 있지 않을까요?"

노인이 대답했다.

"그 방법이 최고의 방법이지만, 여긴 대대손손 학자들이 모여 살아왔던 곳이요, 전투와는 거리가 멀다고 볼 수 있소. 하지만 지식으로만 현재까지 버텨왔소. 언제까지 버틸 수 있을지는 모르오. 괴물들도 더욱더 진화하여 우리가 막는 방법들을 점점 무너뜨리고 있다오."

노인은 조금은 슬픈 표정으로 우리에게 말했다. 나는 그럴 수도 있다고 생각했다. 이유는 대대손손 고서에 나오는 지식으로만 괴물들을 막는 방법을 배웠기에, 육체적인 전투를 배우는 것은 힘들 수 있다고 느꼈기 때문이다.

그 순간, 광장 한쪽에서 마을 주민들이 모여 토론을 벌이고 있는 것이 보였다. 그들은 심각한 표정으로 괴물들을 막을 방법에 대해 이야기하고 있었다.

"책을 보면 괴물들은 특정한 주파수의 소리를 싫어한다고 했어. 이걸 이용할 수 있지 않을까?" 한 남성이 말했다.

"맞아. 하지만 그게 통한다는 보장이 없어. 예전에도 그런 시도를 했지만, 시간이 지나자 괴물들이 적응했잖아." 다른 여성이 대답했다.

"그렇다면 독성이 있는 식물을 연구해서 우리 마을 주변에 심어 방어벽을 만드는 건 어떨까? 괴물들은 독성에 민감하다고 했어."

"하지만 그런 식물들은 자라는 데 시간이 오래 걸려. 그동안 괴물들이 침입하면 우리는 아무것도 할 수 없잖아."

나는 그들의 대화를 들으며 깊은 생각에 빠졌다. 그들은 분명 뛰어난 지식을 갖고 있었지만, 실질적인 방어력에는 한계가 있었다. 괴물들은 점점 강해지고 변하고 있는데, 마을 주민들은 새로운 해결책을 찾으려 하지만 실행력이 부족해 보였다.

그 순간, 소년이 나에게 물었다.

"그래도 대단하지 않아요? 전투하지 않고 버틸 수 있다는 건 대단한 일처럼 보여요!"

나는 답했다.

"맞아! 대단하지. 다른 마을들보다는 훨씬 합리적으로 보여. 하지만 노인의 말을 들어 보면 아슬아슬한 것처럼 보여. 언제 무너질지 모르는 모래성을 쌓는 느낌이랄까. 지금까지는 잔잔한 파도였다면, 후에 다가올 큰 파도는 지식적인 방법을 무너뜨릴 거야."

"그런가요?" 소년은 이해하지 못하는 표정을 지으며 나를 바라보고 있었다.

"아참, 내 정신 좀 봐. 우리가 이럴 때가 아니야. 빨리 자고 내일 다시 동쪽으로 가야지." 나는 내일 있을 새로운 여정을 위해 소년과 함께 이른 시간에 잠을 청했다.

다음 날 아침, 우리는 다시 길을 떠났다. 노인은 우리를 배웅하며 따뜻한 미소로 응원해 주었다. 이곳에서의 짧은 시간이었지만, 우리는 많은 것을 얻었다. 지식과 더불어 영웅마을에 있는 실전적인 전투를 배우면, 괴물들을 반드시 물리칠 수 있다는 믿음을 가지게 되었다.

요약

성공을 이루기 위해서는 성공지식이 필수적이다.

하지만 지식만으로는 한계를 극복할 수 없다.

행동하지 않는 지식은 무의미하며, 지식이 실천되지 않으면 변화도 성장도 없다.

"지식의 마을" 사람들은 괴물들과 직접 싸우지 않고, 지식과 기술을 이용해 살아남는 법을 연구한다.

이들의 방법은 단기적으로는 효과적이지만, 궁극적으로는 그들에게 한계를 가져온다.

즉, 지식은 강력한 도구이지만, 그것을 실천하지 않으면 결국 한계에 부딪힌다.

지식이 중요한 만큼 실행도 필수적이라는 교훈을 준다.

배우기만 하고 행동하지 않으면, 결국 변화하지 않는다.

지식이 많아도 실행하지 않으면 무용지물이 된다.

진정한 성공은 배운 것을 직접 적용하면서 성장하는 과정에서 이루어진다.

지식을 쌓는 것은 중요하지만, 그것을 실천하지 않으면 결국 한계를 맞이할 수밖에 없다.

"당신은 지금, 배우기만 하고 있는가? 아니면 실행하며 성장하고 있는가?

02 "험난한 밤, 흔들리지 않는 희망"
(A Perilous Night, Unwavering Hope)

※ 나는 소년과 함께 영웅마을로 가기 위해서 동쪽으로 계속 걸어갔다. 하지만 우리 둘 다 지쳤고, 잠시 개울가에서 쉬기로 했다. 시원한 물을 한 모금 마시고 나서 피곤한 몸을 잠시 뉘었지만, 그 순간 불길한 기운이 느껴졌다.

어둠 속에서 노란 눈동자들이 빛났다. 들개 떼였다.
거친 숨소리와 으르렁거리는 소리가 점점 가까워졌다. 들개들은 마른 뼈처럼 마르고 날카로운 발톱을 세운 채 우리를 둘러싸고 있었다. 나는 단도를 꺼내 들었지만, 숫자가 너무 많았다. 소년은 겁에 질린 얼굴로 나를 바라보았다.
"어떡하죠…?" 그의 목소리는 떨리고 있었다.
나는 숨을 고르며 최대한 침착하려 애썼다.
"움직이지 마. 흥분시키면 바로 덤벼들 거야."
하지만 들개 한 마리가 우리의 움직임을 감지하자마자 달려들었다. 나는 반사적으로 단도를 휘둘렀고, 들개는 아슬아슬하게 피하면서 더욱 사나워졌다.
나머지 들개들도 짖으며 위협적으로 다가왔다. 더 이상 머뭇거릴 시간이 없었다.

그 순간, 나는 가방 속에 있던 말린 고기를 온 힘을 다해 우리와 반대편으로 던졌다. 고깃덩이가 허공을 가르며 날아가 땅에 떨어지자, 들개들은 순간적으로 방향을 틀었다.
서로 먼저 먹으려 으르렁대며 달려들었다. 그것이 우리가 달아날 수 있는 유일한 기회였다.

"지금이야! 뛰어!"

나는 소년의 손을 잡고 전력을 다해 달렸다. 몸은 지쳐 있었지만, 공포가 아드레날린을 솟구치게 했다. 하지만 얼마 가지 않아 날카로운 통증이 다리를 타고 올라왔다. 들개 한 마리가 말린 고기를 던질 때 뒤에서 나를 할퀸 것이었다.
"괜찮아요?" 소년이 다급하게 물었다.
"괜찮아. 가야 해." 나는 이를 악물었지만, 다리가 점점 무거워졌다. 피가 흐르며 발이 점점 무뎌졌다. 하지만 멈출 수 없었다.
한참을 달려 우리는 작은 숲속 공터에 도착했다. 더 이상 움직일 수 없을 만큼 숨이 가빴다. 나는 바닥에 주저앉았다. 소년은 걱정스럽게 나를 바라보았다.
"이제… 어떡하죠?"

나는 한숨을 쉬며 부상당한 다리를 바라보았다. "더 이상 움직이기 힘들어. 하지만 여기에 머물 수도 없어."

소년의 눈빛에는 두려움이 가득했다. "우리… 이대로 가다가 영웅마을에 도착할 수 있을까요? 계속 이렇게 고난을 겪는데… 너무 힘들어요."

나는 잠시 말을 잇지 못했다. 사실 나도 같은 생각을 하고 있었다. 이 여행이 너무 길고, 고난이 끝이 없었다. 부상까지 당한 지금, 우리는 정말로 영웅마을에 갈 수 있을까?

"너무 힘들어요. 지금이라도 포기하고 지식의 마을로 가면 안 될까요?"

소년의 목소리는 흔들렸다.

나는 그의 말을 듣고 한동안 침묵했다.

하지만 마음속 깊은 곳에서 또 다른 목소리가 들려왔다.

"포기하면 모든 게 끝이야. 여기에 남는다면, 또는 지식의 마을에 남는다면, 우리가 원하는 삶을 절대 찾지 못할 거야."

나는 손을 꽉 쥐며 말했다.

"포기하고 싶을 수도 있어. 하지만 포기하면 우린 영원히 이대로 남아야 해. 영웅마을을 찾으면, 모든 것이 달라질지도 몰라.

예전에 나에게 해준 이야기가 나는 너무 감사하다고 생각해, 최소한 시도는 해봐야 한다는 말을 다시 떠올려."

"소년은 여전히 불안한 얼굴이었지만, 내 말을 곱씹으며 고개를 끄덕였다. "알겠어요. 그럼… 어떻게 해야 하죠?"

나는 다친 다리를 살펴보며 말했다. "우선 상처를 치료해야 해. 개울가 근처에 약초가 있을지도 몰라."

소년은 나를 부축하며 개울가로 향했다. 우리는 상처를 간단히 치료할 약초를 찾아냈고, 응급 처치를 했다. 그리고 작은 나뭇가지와 돌로 간단한 방어막을 만들어 들개의 재습격에 대비했다. 어둠이 깔려 불을 피우자, 소년은 조금 안도한 표정을 지었다.

"우리가 진짜 영웅마을에 갈 수 있을까요?"

나는 그의 손을 꼭 잡으며 말했다. "물론이지. 조금 힘들겠지만, 우리는 반드시 해낼 거야."

그 말이 우리 둘에게 위로가 되길 바라며 나는 하늘을 올려다보았다. 별빛이 희미하게 비치는 밤하늘 아래, 우리는 다시 일어설 방법을 찾기 위해 마음을 다잡았다.

이곳에서의 밤은 길고 험난할지라도, 희망의 끈을 놓지 않기로 결심했다. 영웅마을은 아직 멀리 있지만, 우리의 마음속에는 이미 그곳으로 향하는 길이 열리고 있었다.

요약

성공을 향한 여정에서 어두운 밤과 같은 시련과 역경은 반드시 찾아온다. 그러나 그 순간, 희망을 포기하지 않는 사람이 끝까지 나아갈 수 있다. "험난한 밤"은 성공을 향한 길에서 맞닥뜨리는 가장 힘든 순간들을 의미하며, "흔들리지 않는 희망"은 그 시련 속에서도 목표를 향해 나아가는 강한 의지를 상징한다. 이 이야기는 고난 속에서 희망을 붙잡고 끝까지 나아가는 것이야말로 성공을 이루는 핵심 요소임을 보여준다. 성공을 향한 여정에서 반드시 겪어야 하는 과정이다.

하지만 그 속에서도 희망을 잃지 않는다면, 우리는 결국 목표에 도달할 수 있다. 어두운 밤이 지나면, 새로운 아침이 온다.

어려운 순간이 끝나면, 더 강한 자신을 발견할 수 있다.

성공한 사람들은 시련 속에서도 희망을 놓지 않는다.

"당신은 지금, 험난한 밤을 지나고 있는가?

그렇다면 희망을 놓지 말고 한 걸음 더 나아가라.

그 길 끝에서 당신은 반드시 성장한 자신을 만나게 될 것이다.

❖ 제 5 장 ❖

The Dream Walker

영웅의 길 위에서

01 "낯선 만남, 새로운 길"
(A Chance Encounter, A New Path)

 아침이 되자, 우리는 다시 길을 떠나기로 했다. 하지만 나의 다리가 부상을 입은 탓에 속도는 아주 느렸고, 소년은 나를 부축하느라 체력이 평소보다 빨리 고갈되었다. 우리는 깊은 숲속을 걸었다. 몸은 지칠 대로 지쳐 있었고, 발걸음은 무거웠다. 어제 들개 떼의 공격을 받았고, 그 과정에서 내 다리가 심하게 다쳤다. 상처는 깊었고, 걸을 때마다 고통이 온몸을 타고 올라왔다.

"괜찮아요?"

소년이 걱정스러운 눈빛으로 나를 바라보며 내 팔을 부축했다. 나는 애써 미소를 지어 보였지만, 한 걸음 내디딜 때마다 얼굴이 찡그려졌다.

"괜찮아. 이 정도는 버틸 수 있어."

하지만 내 몸은 내 말을 따라주지 않았다. 순간적으로 다리가 풀려 그대로 바닥에 주저앉았다. 소년이 급히 나를 붙잡으며 소리쳤다.

"괜찮긴요! 이 상태로는 계속 걷기 힘들어요. 조금이라도 쉬어야 해요."

나는 이를 악물고 다시 일어서려 했지만, 통증이 심해 몸이 말을 듣지 않았다.

"이대로 쉬면 너무 늦어져. 영웅마을까지 가려면 아직 멀었어."

소년은 나를 부축한 채 한숨을 쉬었다.

"그래도 이 상태로 가면 더 위험해질 수도 있어요. 우리, 방법을 찾아야 해요."

나는 고개를 끄덕였다. 다른 길이 없었다. 우리는 계속 걸어야 했다.

얼마나 걸었을까, 우리 앞에 커다란 갈림길이 나타났다.
왼쪽 길은 숲이 무성했지만, 나무들 사이로 비교적 평탄한 길이 이어져 있었다. 다만, 더 길게 돌아가야 할 가능성이 높아 보였다. 오른쪽 길은 짧아 보였지만, 급경사가 심하고 바위가 많았다. 내가 다친 상태로 걷기엔 너무 험해 보였다.

소년이 먼저 말했다.

"왼쪽 길로 가죠. 길이 더 길 수도 있겠지만, 그래도 비교적 안전해 보여요. 지금 당신 상태로는 저 길은 절대 못 가요."

나는 오른쪽 길을 바라보았다.

"하지만 저 길이 더 빨라 보여. 영웅마을까지 최대한 빨리 가야 해. 돌아가는 건 시간 낭비야."

소년은 단호하게 고개를 저었다.

"아니요. 당신은 지금 다리를 다쳤어요. 빨리 가는 게 중요한

게 아니라, 살아서 가는 게 중요한 거예요!"

나는 한숨을 내쉬었다.

"그럼 너 혼자 가. 나는 오른쪽으로 갈 테니까."

소년의 표정이 굳어졌다.

"지금 무슨 말을 하는 거예요? 나보고 당신을 두고 가라고요?"

"내가 너 때문에 속도가 늦어지는 거잖아. 네 말대로라면 내가 짐이 된다는 거고. 그러니까 넌 네 길을 가고, 난 내 길을 가겠다는 거야."

소년은 주먹을 꽉 쥐었다.

"그런 뜻이 아니잖아요! 우린 함께 가야 해요! 하지만 당신이 이런 상태로 위험한 길을 선택하면, 결국 더 오래 걸릴 수도 있다고요!"

"그럼 넌 그냥 네 길을 가면 되잖아!"

"전 영웅마을까지 당신과 같이 가겠다고 했어요! 그런데 왜 이렇게 고집을 부리는 거예요?!"

나는 순간 말문이 막혔다. 소년이 이렇게까지 화를 낼 줄은 몰랐다. 우리는 서로를 바라보며 숨을 헐떡였다. 감정이 격해져 한동안 말이 없었다.

나는 시선을 피하며 천천히 입을 열었다.

"……미안해. 내가 다쳐서 초조했어. 그래서 빨리 가려고 했던 거야."

소년도 한숨을 내쉬며 어깨를 으쓱였다.

"저도 미안해요. 하지만 당신을 두고 갈 생각은 없어요. 그러니까, 우리 같이 갈 수 있는 방법을 찾아요."

나는 고개를 끄덕이며 다시 갈림길을 바라보았다.

"좋아. 그러면…… 왼쪽 길로 가자. 하지만 너무 천천히 가면 안 돼. 최대한 빨리 걸을 수 있도록 노력할게."

소년이 안도한 듯 웃었다.

"그거면 충분해요. 하지만 힘들면 꼭 말하세요. 무리하지 마세요."

나는 작게 웃으며 대답했다.

"알았어."

그렇게 우리는 다시 길을 나섰다.

의견 차이로 인해 갈등이 있었지만, 우리는 결국 다시 서로를 이해하고 한 팀으로서 나아가기로 했다.

완벽한 길은 없었다. 하지만 함께 가다 보면, 길은 점점 완벽해질 것이었다.

우리는 걷고 또 걸었다. 그러나 또 다른 마을은 나타날 기미가 보이지 않았지만, 우리의 목표는 확실했다.

잠시 계곡에 들러, 나는 상처 부위를 씻고 나서 나무에 기대어 있었고, 소년은 바위에 기대어 한숨 자고 있었다.

그 순간 주위에서 사람들의 목소리가 들려왔다. 나는 눈을 뜨고 경계했고, 소년을 깨워 나무 뒤로 함께 숨었다.

세 명의 사람들이 이쪽으로 걸어오고 있었다. 한 사람은 노인이었고, 두 사람은 건장한 청년들이었다. 이야기하는 소리가 들렸다.

노인이 말했다. "여기 계곡에 물고기가 많아. 어서 물고기 잡는 덫을 놓게."

"예, 어르신. 오늘은 물고기들이 좀 있어야 하는데."

"일단 덫을 놓고, 주위에 먹을 것이 있는지 찾아보러 가자고!"
두 명의 청년들이 말했다.

"그래. 날이 지기 전에 서둘러야 하네. 마을 밖은 너무 위험해."
노인이 걱정하는 듯한 표정으로 말했다.

그들의 대화를 듣고 보니 도적은 아니었고, 나쁜 사람들처럼 보이지 않았다.

나는 용기를 내어 말을 걸었다.

"저기, 어르신!"

세 사람은 화들짝 놀라 나와 소년을 쳐다보며 등에 지고 있던 나무로 만든 창을 손에 쥐었다.

"어르신, 저 사람들은 어디서 왔을까요?" 한 명의 청년이 노인에게 물었다.

노인이 말했다. "나도 모르지만, 도적이나 괴물이 아닌 것은 확실하네. 한번 가까이 가보세."

"거기 두 사람, 거기서 뭐 하고 있소?" 노인이 물었다.

나는 답했다. "네, 저와 이 소년은 영웅마을을 찾아가고 있는 여행객입니다. 길을 가던 중, 들개에게 공격을 받고 겨우 도망쳐 잠시 쉬고 있었습니다."

"허허, 아주 큰 고난이 있었구려. 다리를 다치셨소? 피가 보입니다만." 노인이 물었다.

"네. 들개들에게 습격을 받았어요. 다행히 말린 고기를 던져 그 자리를 벗어날 수 있었어요." 나는 답했다.

"내가 도와주겠네!" 노인이 인자한 표정으로 말했다.

두 청년은 노인을 바라보며 주저했다.

"어르신, 외부인을 마을로 들이는 게 맞을까요? 우리 마을이 안전하려면 조심해야 합니다." 한 청년이 걱정스러운 표정으로 말했다.

다른 청년도 고개를 끄덕였다. "맞아요. 이들이 정말로 믿을 만한 사람인지 어떻게 알 수 있죠?"

노인은 조용히 그들을 바라보다가 부드럽게 말했다. "이들을 봐라. 상처 입고 지친 표정을 하고 있지 않은가? 우리 마을이 이런 자들에게조차 문을 닫는다면, 그게 옳은 일이겠느냐?"

두 청년은 여전히 망설였지만, 노인의 말에 결국 한숨을 쉬며 고개를 끄덕였다. "알겠습니다, 어르신. 하지만 조심해야 합니다."

노인은 미소를 지으며 우리를 향해 말했다. "어서 우리 마을로 가세. 다리를 치료해야 여정을 계속할 것 아니오?"

요약

성공을 향한 여정에서 우리는 예상치 못한 만남과 기회를 경험하게 된다. 때때로 그 만남은 우리의 인생을 바꾸는 결정적인 순간이 되며, 새로운 길을 제시하는 전환점이 된다.

"낯선 만남"은 우리가 예상하지 못한 기회와 사람들을 의미하며, "새로운 길"은 그 만남을 통해 더 나은 방향으로 나아갈 수 있는 가능성을 상징한다.

이 이야기는 예상치 못한 만남이 어떻게 우리의 인생을 변화시키고, 성공을 위한 중요한 기회가 될 수 있는지를 보여준다.

"낯선 만남"은 예상치 못한 순간에 찾아오는 기회이며, "새로운 길"은 그 기회를 활용할 때, 비로소 열리게 된다.

성공은 계획된 것만으로 이루어지지 않는다.

우리는 예기치 않은 만남과 기회를 통해 새로운 방향을 찾을 수 있다. 새로운 사람, 새로운 경험, 새로운 정보에 열린 마음을 가질 때, 성공의 문이 열린다.

"당신은 낯선 만남 속에서 새로운 길을 찾을 준비가 되었는가?

02 | "오늘만을 사는 마을"
(The Village That Lives for Today)

전설로 내려오는 영웅마을에 대해 더 알고 싶어 하는 노인의 궁금증은 점점 커져갔다. 노인의 안내로 작은 마을에 들어서자마자 우리는 그곳이 다른 마을과는 확연히 다르다는 것을 느낄 수 있었다. 마을의 공기는 고요하면서도 묘한 긴장감이 감돌고 있었고, 마을 주민들은 우리를 경계의 눈빛으로 바라보고 있었다. 그들의 시선은 따갑고도 차가웠다. 마치 이방인이 이곳에 발을 들여서는 안 된다는 듯한 분위기였다.

노인은 그런 주민들의 태도에 아랑곳하지 않고 우리를 자신의 집으로 안내했다. 그의 집은 소박했지만 따뜻함이 느껴지는 공간이었다. 집 안으로 들어가자마자 노인은 우리를 편히 앉게 하고, 직접 끓인 따뜻한 차와 간단한 음식을 내왔다. 차에서 풍겨오는 향긋한 냄새는 긴장된 우리의 마음을 조금이나마 풀어주는 듯했다.

"이 마을은 외부인을 경계하는 것이 당연하오," 노인은 차를 한 모금 마신 뒤 천천히 말을 꺼냈다. "우리 마을은 오랜 전통과 규율을 지키며 살아가고 있소. 외부의 영향을 받지 않기 위해 우리는 스스로의 방식을 고집하며 살아왔소."

그는 이야기를 이어갔다. 이 마을은 수백 년 전, 괴물과 혼란 속에서 고립된 채 살아남은 사람들이 세운 곳이라고 했다. 그들은 외부 세계와의 교류를 끊고 자신들만의 질서와 문화를 만들어갔다. 노인이 말했다.

"종종 괴물들의 습격을 받아서 모두가 여유롭지는 못하지만, 그렇다고 배고픔에 죽는 주민은 아직까지 아무도 없소"

"무슨 특별한 방법이 있으신가요?" 나와 소년은 그 방법이 너무 궁금해서 바로 물었다.

"특별한 방법? 우리 마을은 괴물의 특성을 잘 이해하고 있지, 뭐 가끔 이른 아침이나 오후에도 오긴 하지만, 괴물들은 대부분 해가 질 무렵 약탈하는 습성이 있어서, 우리 마을 주민들은 늦은 오후가 되면 그날 수확한 식량들로 배를 가득 채우지."

나는 재차 물었다.

"다른 마을은 해가 질 무렵에 약탈하는 경우도 있고, 밝은 날 약탈하는 경우도 있던데, 혹시 배를 채우기 전 왔을 땐 어떻게 하셨어요?" 나는 걱정스러운 마음으로 물어보았다.

노인이 답했다.

"사람은 뭐 하루 이틀 굶는다고 쉽게 죽지 않지, 또 어떻게 해서든 살아남아야지."

"어르신, 그럼 이런 일을 방지하기 위해 전투 기술을 익혀 싸워서 이기면 좀 더 안정적으로 살 수는 있지 않을까요?" 내가 물었다.

그때 옆에 있던 청년이 답했다.

"뭐 우리도 그런 적이 있었지, 그런데 일단 마을 주민들은 전투 기술 익히는 것을 너무 힘들어했어, 그래서 젊은 남자들만 전투 기술을 익혀서 괴물들이 왔을 때 맞서서 싸웠는데, 너무 많은 사람이 다치고 지쳤어."

옆에 있던 또 한 명의 청년이 말했다.

"괴물들과의 싸움은 피해뿐이야. 그냥 매일 안전하고 배부르게 살아가는 게 최선이지."

"그런가요?" 나는 고개를 갸우뚱하며 생각에 잠겼다.

그때 노인이 갑자기 진지한 표정으로 물었다.

"너희가 영웅마을로 가는 이유는 무엇인가? 무엇을 찾으려 하는 건가?" 그의 목소리는 낮고도 깊었으며, 마치 오래된 나무의 뿌리가 땅속에서 울리는 듯한 느낌을 주었다. 나는 잠시 고민하다가, 그에게 진실 된 마음으로 대답하기로 결심했다.

"영웅마을에는 주민 모두가 영웅이라고 전해지는 이야기를 들어 보셨나요?" 내가 조심스럽게 물었다. 노인은 고개를 끄덕이며 말했다. "물론이지. 하지만 전설은 전설일 뿐, 그것이 진실인지 아닌지는 아무도 모르는 법이란다."

나는 미소를 지으며 말을 이었다. "그렇습니다. 하지만 저희는 그 전설이 사실인지 아닌지를 확인하고 싶습니다. 그리고 만약 그것이 사실이라면, 그 안에 숨겨진 비밀을 찾고 싶어요. 어떻게 마을 주민들 모두가 영웅인지."

노인은 흥미로운 눈빛으로 나를 바라보았다. "너희는 그 비밀이 무엇이라고 생각하느냐?"

나는 잠시 멈춰 생각했다. "이야기에 따르면, 영웅마을에는 모든 사람의 마음속에 있는 진정한 강한 마음을 깨우는 특별한 것이 있다고 들었습니다. 그것은 단지 물리적인 물건이 아니라, 사람의 내면 깊숙이 잠들어 있는 무언가를 일깨워주는 힘이라고 하더군요. 저희는 그것을 찾고 싶습니다."

노인은 천천히 고개를 끄덕였다. "강한 마음이라... 왜 하필 강한 마음을 찾으려는 것이냐? 너희는 이미 충분히 용감해 보이는데."

나는 그의 말에 잠시 미소를 지었다. "겉으로 보이는 마음과 진정한 마음은 다르다고 생각합니다. 저는 저희 안에 있는 괴물에 대한 두려움과 맞서 싸우고 싶습니다. 그리고 다른 이들에게도 그런 용기를 나눠주고 싶어요. 세상은 너무나도 많은 괴물들로 인한 두려움으로 가득 차 있잖아요. 그 두려움을 이겨내고 앞으로 나아갈 수 있는 힘을 찾고 싶습니다."

노인은 잠시 침묵했다. 주름진 눈빛은 저 먼 곳을 향해 있었다. 그의 시선은 시간 너머 과거로 흘러갔다.
그리고 노인은 우리에게 과거의 일을 전해주었다.

그때 나는 아직 어린 소년이었다. 마을에는 언제나 웃음소리와 함께 아저씨의 모험담이 울려 퍼졌다. 아저씨는 마을 사람 모두에게 친근한 이였지만, 소년에게는 특히 특별한 존재였다.
　"영웅 마을이라는 곳을 아니?"
그날, 아저씨는 소년과 함께 황혼이 깃든 언덕에 앉아 말했다.

"영웅 마을?" 소년의 눈이 반짝였다.

"전설 속의 마을이지. 세상에서 가장 용감한 이들이 모인 곳. 언젠가 나는 그곳을 찾아갈 거야."

소년은 그 말을 가슴에 새겼다. 언제나 모험담을 들려주던 아저씨라면, 분명 그곳을 찾아내리라 믿었다.

그러나 얼마 지나지 않아, 아저씨는 작별을 고했다.

"너에게 멋진 이야기를 하나 더 들려주러 돌아올게."

그 한마디를 남기고, 아저씨는 저 너머로 떠났다.

하지만 세월은 덧없이 흘렀고, 아저씨의 소식은 끝내 들려오지 않았다.

그날, 마을은 소란스러웠다.

"에이, 결국 큰소리만 치고 도망친 거지."

"영웅마을을 찾겠다더니, 어디 갔는지 감감무소식이잖아."

"그러게, 허풍쟁이였어. 우리 마을 사람들이나 현명하게 살아야지."

마을 사람들은 저마다 입을 모아 비웃고 있었다. 소년이었던 그는 그 소리가 견딜 수 없이 아팠다.

"아저씨는 그런 분이 아니에요!"

소년은 떨리는 목소리로 외쳤다.

하지만 돌아온 것은 비웃음이었다.

"애송아, 꿈같은 소리 마라. 세상은 그렇게 쉽지 않아."

누군가는 "책임도 못 지고 모험이나 떠난 겁쟁이!"라며 혀를 찼고, 누군가는 "자기 욕심에 마을을 등진 사람!"이라며 비난했다.

그날 밤, 소년은 언덕에 홀로 앉아 밤하늘을 올려다보았다. 아저씨가 사라진 하늘 저 너머에, 대답 없는 별빛만이 반짝였다.

그러나 그는 믿었다. 아저씨는 결코 거짓말을 하는 분이 아니었다. 반드시 돌아와서 그 누구보다 멋진 이야기를 들려줄 거라고.

처음엔 소년이, 그다음엔 청년이 되었지만, 그는 언제나 언덕에 올라 하늘을 바라보았다. 혹시나 저 너머에서 아저씨가 돌아오지 않을까 하고.

그리고 지금 노인이 된 그는 여전히 그 자리에 서 있다. 마치 시간이 멈춘 듯. 그러나 마음속에는 아저씨와 함께했던 추억이 여전히 따뜻하게 타오르고 있었다.

"아저씨, 영웅마을은 찾으셨나요?" 노인은 나직이 중얼거렸다.

그때 바람이 불었다. 바람결에 실린 것은 마치 아주 오래된 목소리 같았다.

"언제나 네 곁에 있었지."

노인은 눈을 감았다. 바람 사이로 들려오는 그 목소리는 한 번도 떠난 적이 없었다는 듯, 늘 함께였다.

그리고 아주 오랜만에 노인은 미소를 지었다.

"너의 말에는 진심이 담겨 있구나," 그는 조용히 말했다. "하지만 영웅마을로 가는 길은 쉽지 않을 것이다. 수많은 시련과 유혹이 너희를 기다리고 있을 테지."

나는 고개를 끄덕이며 대답했다.

"알고 있습니다. 하지만 저와 이 소년은 그 길을 걸어야만 합니다. 저희 자신을 위해서, 그리고 저희를 사랑하는 사람들을 위해서요."

노인은 미소를 지었다.

"만약에 영웅마을이 진짜 있다면, 또 발견한다면 꼭 이 노인에게도 다시 와서 들려주겠나? 그리고 우리 마을에서 나간 아저씨의 행방도 찾아 줄 수 있겠나?"

그때 2명의 청년이 문을 나가면서 비웃으며 말했다.

"어르신, 이제 곧 마을회관에 모여서 식사하셔야 합니다. 먼저 가서 준비하겠습니다."

청년들은 문을 닫고 나갔다.

그러자마자 노인은 조심스레 우리에게 말했다.

"이제 우리 셋뿐이군, 나는 우리 마을을 사랑한다네, 그리고 여기 이 마을에서 죽을 테지, 하지만 내가 걱정하는 부분이 있어, 그 부분 때문에 너희에게 조금이나마 기대를 걸 수밖에 없어."
나와 소년은 조금 놀란 표정으로 서로를 바라보았다. 그리고 나는 물었다.

"어떤 부분이 걱정이신가요?"

노인이 답했다.

"우리는 매일 일하고 하루 한 끼로 배부름을 유지하고 있다네, 그런데 어떻게 보면 미래는 없어, 그날 하루 식량을 잘 구하면 배부르게 먹을 수 있지만, 사냥이나 물고기 잡는 것을 실패하면 굶어야 한다네, 그런데 여기서 문제는 주민들이 배부르면 문제가 특별히 없지만, 사냥에 실패하여 먹을 것이 부족해지면 주민들 모두가 예민해지고, 마을 곳곳에서 큰 소리가 들린다네, 그런 날들이 점점 많이 지고 있다네, 마을 근처에 있는 식량은 점점 사라져가고, 경작을 한다고 해도 괴물들이 약탈해

가기에, 우리 마을 주민들은 마을 근처만 배회할 뿐, 멀리 가는 것을 두려워한다네, 이제 다가오는 추운 겨울이 너무 걱정돼. 식량을 모아야 하는데 그날 모든 것을 먹어버리니 말이야."

나는 우울한 표정으로 물었다.

"그렇군요, 두 가지 방법밖에는 없네요."

"괴물들과 싸워서 물리치는 방법과 식량을 비축하는 방법 말고는 특별히 없겠네요."

옆에 있던 소년이 노인에게 이야기했다.

"할아버지, 그럼 식량을 어딘가에 숨기면 되잖아요?"

"우리도 식량을 땅속이나 나무 위에 숨겨봤지, 하지만 괴물들은 귀신같이 찾아내더군, 그런 상황을 몇 번 반복하니 주민들은 숨기지 않고 하루 그냥 배부르게 먹는 것을 선택했지. 그리고 아까 말했듯이 괴물들과의 전투는 이미 포기한 상태라서 말이야."

노인은 씁쓸한 표정으로 대답했다.

노인은 우리에게 음식을 더 내어주곤 마을회관으로 향했다. 외부인은 함께 식사가 불가능해 보였다. 우리는 노인의 친절에 감사를 느끼곤 식사를 시작했다. 소년과 함께 식사를 하던 중, 갑자기 부정적인 생각이 머리를 스쳐 지나갔다. 괴물에게 습격당한 일과 들개들에게 습격당한 일, 도적을 만난 일 등 앞으로 영웅마을에 들어가기 전까지 이런 일들이 반복되는 것은 아닌지, 그리고 내가 지금까지 함께한 이 소년을 지킬 수 있을지 불안감이 밀려왔다. 또한 이런 마을이 얼마나 나올지는 모르겠지만, 지나온 마을 전부 괴물들과 싸우기는커녕 전부 피하고 숨고 무기력한 모습에 슬픈 감정까지 들었다.

나 또한 이해는 하고 있다.

거쳐 온 모든 마을 주민들 또한 자신의 자리에서 최선을 다하고 있다는 것을. 그러나 분명한 것은 괴물을 이길 힘이 없다면, 나이 들어 죽을 때까지 항상 불안해하며, 하루를 근근이 살아갈 수밖에 없을 것이었다.

나는 여행을 시작하며, 여러 마을을 겪다 보니 점점 책임감이란 감정이 나의 어깨를 짓눌렀다. 부담감이라는 감정이 올라온 순간, '내가 과연 영웅마을에 갈 수 있을까?' 하는 걱정에 몹시 불안해졌다. 나의 불안한 표정을 소년이 눈치채고 나에게 말했다.

　　"괜찮으세요? 안색이 좋지 않아요."

"괜찮아. 갑자기 이런저런 생각이 들어서…" 나의 불안감을 이 소년에게까지 전달하고 싶지 않아 대충 얼버무렸다. 소년은 피곤했는지 잠이 들었고, 내가 멍하니 휴식을 취하고 있을 때, 노인께서 돌아오셨다.

"자네는 좀 쉬었는가? 어린 소년은 잠이 들었군." 노인이 물었다.

"네 덕분에 배도 채우고 따뜻하게 쉬고 있습니다. 정말 감사드려요. 식사는 하셨어요?" 나는 답했다.

"먹고 왔네만, 항상 걱정이 드네." 노인이 상심 가득한 표정을 지으며 답했다.

나는 물어보았다. "왜 그러십니까?"

"마을 주민 모두가 지금 이 순간, 먹고 마시고 배가 부르니 행복에 겨워 있다네. 내일에 대해서 준비하지 않고 지금 이 순간만을 위해서 살아가는 모습을 보니 답답하네. 또 어떤 사람은 우리가 오늘 식량을 다 먹어 치웠기에 내일 괴물들이 쳐들어와도 약탈당할 것이 없다고 좋아서 떠드는 사람들도 있고 말이지." 노인이 고개를 떨구며 이야기했다.

나는 물었다.

"어르신은 언제부터 이런 걱정을 가지고 계셨습니까?"
"나도 수년 전에 아저씨가 사라진 후 마을 사람들을 모아서 미래를 준비해야 한다고 이야기했다네 그러나 결과는 전혀 변하지 않았지만 말이야." 노인이 대답하며, 예전에 있었던 과거의 일들을 들려주었다.

"마을은 자연환경 속에 자리 잡고 있어, 사시사철 적지 않는 식량이 제공되었다네. 주민들은 하루하루를 즐기며 살아가는 데 익숙해져 있었고, 그들은 아침에 눈을 뜨면 들판에서 자란 신선한 곡식과 과일을 수확하고, 괴물들에게 약탈당하기 전, 이른 저녁에는 서로 모여 음식을 나누곤 했지. 웃음소리가 끊이지 않았고, 이 순간의 행복이 그들의 삶의 전부인 것처럼 보였다네. 하지만 나는 마음 한구석이 늘 무거웠다네. 마을 사람들이 내일에 대해 준비하지 않는 모습을 보며 걱정했다네. 오늘만을 위해 살면 결국 내일은 어떻게 될 것인가? 나는 스스로에게 묻곤 했지. 마을 사람들에게 미래를 대비하자고 설득하려 했지만, 그들은 나의 말을 가볍게 넘기기 일쑤였지."

"노인장, 우리가 왜 내일 걱정을 해야 합니까? 오늘 이렇게 배부르고 행복한데 말이에요!" 한 젊은이가 웃으며 말했다. 다른 사람들도 고개를 끄덕이며 동의했다. "그리고 만약 괴물들이 쳐들어온다면요? 우리가 먹을 게 없으니 약탈할 것도 없겠죠! 그게 얼마나 좋은 일입니까?" 누군가는 농담처럼 덧붙였고, 주민들 대부분이 동의했지."

나는 답답한 마음에 깊은 한숨을 내쉬었고, 나는 이 작은 마을이 지금은 평화롭지만, 언제든 재앙이 닥칠 수 있다는 것을 알고 있었다네. 자연의 풍요로움이 영원히 지속될 거라는 보장이 없었고. 더군다나 괴물들이 지금보다 더욱 자주 쳐들어온다는 소문도 심상치 않았다네. 하지만 주민들은 이 모든 것을 흘려듣고 있었지.

그리고 어느 날 밤, 나는 마을회관에 주민들 모두를 모이게 했다네. 나는 촛불 아래 서서 조용히 입을 열었지.

"여러분, 나는 이 마을에서 가장 오랜 세월을 살아온 사람입니다. 내가 지금까지 배운 가장 중요한 교훈은 오늘의 행복만으로는 내일의 불행을 막을 수 없다는 것입니다. 우리는 지금 풍요로움을 누리고 있지만, 이 모든 것이 언제까지나 지속될 거라고 장담할 수는 없습니다."

하지만 여전히 주민들은 나의 말을 심각하게 받아들이지 않았지. 어떤 사람들은 하품을 하며 자리를 떠났고, 어떤 이들은 술잔을 들고 웃음을 터뜨렸다네.

그리고 그 후로는 나도 어쩔 방법이 없어서 지금까지 살아오게 되었다네. 그래서 지금 자네를 보면 너무 부럽기도 하구만. 나도 젊었더라면 함께 영웅마을로 가고 싶지만, 이제는 힘들다네, 내가 나이가 들어 주책이구만. 어서 잠자리에 들게. 내일 또 여정을 시작하려면 체력을 비축해야지."

나는 모든 이야기를 듣고 안타까운 마음이 들었다. 하지만 내일을 위해서 잠을 자야만 했기에 노인에게 감사하다는 말을 하곤 바로 잠을 청했다.

요약

성공과 발전을 이루기 위해서는 장기적인 목표와 계획이 필요하다.

그러나 오늘만을 사는 마을 사람들은 미래를 준비하지 않고, 현재의 즐거움과 생존에만 집중한다. 그들은 긴급한 문제를 해결하기 위해 즉각적인 만족을 선택하지만, 결국 더 큰 위기를 맞이하게 된다. 이 이야기는 단기적인 편안함에 안주하면 결국 성장할 수 없으며, 미래를 대비하지 않으면 실패할 수밖에 없음을 보여준다. 미래를 준비하지 않은 채 하루하루를 살아간다. 그러나 미래를 준비하지 않으면, 결국 더 큰 문제에 직면하게 된다.

성공한 사람들은 지금 당장의 편안함을 희생하더라도, 미래를 위해 투자하고 준비한다.

장기적인 목표를 설정하고, 단계적으로 실행한다.

단기적인 만족을 미루고, 더 큰 성취를 위해 노력한다.

미래의 문제를 예측하고, 미리 대비하는 습관을 기른다.

"당신은 지금, 오늘만을 위해 살고 있는가? 아니면 미래를 준비하고 있는가?

03 "떠날 때마다 찾아오는 공포"
(Fear That Follows Every Departure)

 아침이 밝아 왔고, 나와 소년은 채비를 갖추고 떠나려 하는데, 노인이 한 손에 작은 짐 보따리를 들고 마중을 나오셨다.

"여기 며칠 견딜 만한 음식을 챙겨 왔네. 이거라도 가지고 가시게."

노인이 따뜻한 미소를 지으며 말했다.

"너무 감사드립니다. 잠자리와 음식까지 챙겨 주시니 몸 둘 바를 모르겠습니다."

나와 소년은 연신 허리를 굽히며 감사를 표했다. 노인은 이윽고 눈빛을 빛내며 말했다.

"어제 한 약속, 잊지 않았겠지? 영웅마을을 찾고 돌아올 때는 꼭 여기 들러서 영웅들의 이야기를 들려주기로 한 약속!"

나는 굳게 고개를 끄덕이며 답했다.

"당연합니다. 반드시 영웅마을을 찾아내고, 영웅이 되어 다시 이 마을로 돌아와 이야기를 나누겠습니다. 정말 감사했습니다."

나와 소년은 마지막 인사를 하고 마을을 떠났다. 우리는 여전히 불안했다. 어떤 마을이든 마을 안에 있을 때는 안도감을 느꼈지만, 마을을 벗어나면 모든 것이 불확실해졌다. 어떤 일이 벌어질지 모르는 상황에서 우리는 매번 출발 전, 불안감을 이겨내야만 했다.

나는 깊은 한숨을 쉬며 가방에서 어두운 밤 숲속에서 주운 "나뭇가지"를 꺼내 들었다. 손에 쥔 나뭇가지를 바라보며 스스로 다짐했다.

"그래! 보이지 않는 것을 두려워하는 것은 바보들이나 하는 행동이야. 일단 마주치고 생각하자!"

나는 마음을 굳게 먹고, 소년에게 강한 의지가 담긴 눈빛을 보냈다.

"우리가 또 새로운 여정을 하려면, 포기하지 않는 의지가 필요해!"

소년은 내 말을 듣고 단단히 고개를 끄덕였다.

"네, 맞아요!"

어두운 숲길을 따라 우리는 한참을 걸었다. 숲속 나뭇가지들은 마치 살아 있는 생물처럼 우리를 감시하는 듯했고, 바람이 나뭇잎 사이를 스칠 때마다 섬뜩한 소리가 울려 퍼졌다. 소년은 내 옆에서 조용히 걷고 있었지만, 그의 미세하게 떨리는 손끝을 나는 알아차렸다.

"괜찮아?" 내가 물었다.

소년은 고개를 끄덕였지만, 얼굴에는 여전히 두려움이 서려 있었다.

"네, 괜찮아요. 그냥… 이 숲이 너무 무서워요. 괴물이 갑자기 튀어나올까 봐…"

나는 소년의 어깨를 가볍게 두드리며 말했다.

"우리가 지금까지 얼마나 많은 고난을 헤쳐 나왔는지 생각해 봐. 괴물이 나타나면 그때 가서 싸우면 돼. 두려움에 지지 말자고."

소년은 내 말을 듣고 잠시 생각하더니, 이를 악물고 고개를 끄덕였다.

"네, 맞아요. 우리가 포기하지 않는 한, 어떤 어려움도 이겨낼 수 있을 거예요."

우리는 다시 발걸음을 옮겼다. 숲은 점점 깊어졌고, 길은 점차 험난해졌다. 나뭇가지들이 발목을 잡으려는 듯 얽혀 있었고, 땅은 질척거려 발을 내딛는 것조차 쉽지 않았다. 그러나 우리는 멈추지 않았다. 영웅마을에 도착한다는 목표가 우리를 앞으로 나아가게 했다.

그러던 중, 갑자기 숲속에서 이상한 소리가 들려왔다. 마치 무언가가 나뭇잎 사이를 헤치며 다가오는 소리였다. 나는 걸음을 멈추고 소년에게 조용히 하라는 신호를 보냈다. 소년은 숨을 죽이고 내 뒤로 물러섰다.

그 순간, 어둠 속에서 붉은 눈동자가 번뜩였다. 괴물이었다. 괴물은 커다란 몸집에 날카로운 이빨을 드러내며 우리를 노려보고 있었다. 소년은 두려움에 몸이 굳어버린 듯 보였다.

나는 주머니에서 마을에서 챙겨 온 단도를 꺼냈다.

"소년, 뒤로 물러서." 나는 단호하게 말했다.

그러나 나 또한 너무 무서워서 몸이 사시나무처럼 떨리기 시작했다. 가슴이 요동치며 식은땀이 흘러내렸다. 괴물은 더욱 가까이 다가왔고, 낮게 으르렁거리며 우리의 반응을 살피고 있었다.

"이대로라면…"

나는 두려움을 억누르며 몸을 낮추고 괴물을 주시했다. 도망칠 것인가, 싸울 것인가. 이 순간이야말로 우리 여정에서 가장 중요한 시험일지도 모른다.

소년이 갑자기 내 손을 꼭 붙잡았다. 그의 눈빛은 여전히 두려웠지만, 그 속에서 강한 결의를 엿볼 수 있었다.

"우리… 이겨낼 수 있을까요?"

나는 단도를 단단히 쥐고 말했다.

"두려움은 용기를 시험하는 도구일 뿐이야. 우리는 이겨낼 거야."

괴물이 포효하며 달려들었다. 나는 숨을 크게 들이마시고, 나뭇가지를 손에 꽉 쥔 채 앞으로 나섰다. 모든 공포를 뒤로하고, 마주해야 할 시간이었다.

요약

성공을 향한 여정은 새로운 시작과 변화의 연속이다.

그러나 새로운 도전을 앞둘 때마다 공포는 따라오며, 우리는 이를 극복해야만 앞으로 나아갈 수 있다. "떠날 때마다 찾아오는 공포"는 안전한 환경을 떠나 새로운 길을 선택할 때, 느끼는 두려움을 상징한다. 익숙한 것을 떠날 때, 불확실성과 실패의 가능성이 두려움을 자극한다. 하지만 이 두려움을 넘어서야만 새로운 기회를 찾을 수 있다. 두려움을 피하는 것이 아니라, 이를 마주하고 극복할 때 진정한 성장이 시작된다.

이 이야기는 두려움을 극복하는 것이 성공의 필수 요소임을 강조하며, 도전 속에서 강해지는 과정을 보여준다. 새로운 시작 앞에서 우리가 느끼는 두려움을 상징한다. 그러나 그 두려움을 넘어서야만 성장할 수 있다. 두려움을 느끼는 것은 당연하다. 하지만 그것이 우리를 멈추게 해서는 안 된다. 떠날 때마다 두려움이 찾아오지만, 그 순간을 넘어서야만 새로운 기회를 찾을 수 있다.

성공한 사람들은 두려움을 극복하고 한 걸음 더 나아간다.

"당신은 지금, 떠날 준비가 되었는가?"

04 "빛과 마주한 순간"
(The Moment We Met the Light)

제5장 _ 영웅의 길 위에서

괴물이 나에게 달려들었다. 나는 단도를 힘껏 휘둘렀지만, 괴물의 거대한 앞발이 나를 가볍게 튕겨내자 나는 나뭇가지에 부딪쳐 바닥을 구르며 쓰러졌다. 숨이 턱 막히고 온몸이 욱신거렸다. 무력했다. 아무것도 할 수 없었다. 소년이 위험했다. 절망이 온몸을 뒤덮었다.

그 순간, 찬란한 빛이 눈앞을 가득 채웠다. 긴 망토를 두르고, 손에는 빛나는 지팡이를 든 영웅이 나타났다.

"빛이여, 우리를 보호하라!"

영웅이 외치자, 지팡이에서 눈부신 빛이 뿜어져 나왔다. 그 빛은 괴물을 향해 뻗어나갔고, 괴물은 눈부심에 비명을 지르며 뒷걸음질 쳤다. 괴물은 마침내 울부짖으며 숲속으로 도망쳤다.

나는 힘겹게 일어나며 말했다. "이제야 살았네요…"

소년은 감탄하며 물었다. "우와… 대단해요! 당신은 누구세요?"

영웅은 미소를 지으며 말했다. "둘 다 괜찮니?"

나는 영웅에게 감사를 표하며 물었다. "어떻게 알고 도와주셨나요?"

영웅이 웃으며 말했다. "우리 마을에는 마법진이 있어서 괴물의 움직임을 감지할 수 있어. 그리고 너희들도 감지됐지."

소년이 영웅을 바라보며 말했다. "저희도 감지됐다고요? 마치 위험한 존재처럼?"

영웅은 장난스럽게 웃으며 말했다. "어쩌면? 하지만 지금 보니 네가 가장 위험한 존재 같기도 한데?"

소년은 놀라며 소리쳤다. "에이! 그럴 리가요!"

우리 셋은 그렇게 웃으며, 긴장을 풀고 있었다.

그때 영웅이 물었다.

"내 정신 좀 봐. 너희 어디를 가고 있는 중이야?"

그때 내가 답했다.

"저희는 영웅마을을 찾아다니고 있어요. 영웅들만 모여 사는 마을이 있다고 해서…"

"영웅마을은 왜 찾아다니는 거야?"

"우리 자신과 마을을 지킬 수 있는 힘이 필요하다고 생각했어요. 반복적으로 괴물들에게 당할 수만 없어서…" 나는 자신감에 찬 눈빛으로 말했다.

"너희들 용감하네, 눈빛이 살아 있어, 그리고 너희들 상태를 보니 휴식이 필요해 보여. 일단 따라와 우리 마을로 가자. 가서 이야기하자." 영웅은 우리를 마을로 초대했고, 나와 소년은 멀리 떨어질세라 빠른 걸음으로 따라붙었다.

요약

어둠 속에서 방황하던 순간, 빛을 발견하는 것은 변화와 깨달음의 시작을 의미한다.

"빛과 마주한 순간"은 두려움과 혼란 속에서도 희망을 발견하고, 새로운 길을 찾는 전환점을 상징한다. 이것은 성공을 향한 과정에서도 매우 중요한 개념이다. 우리는 종종 길을 잃고, 실패와 좌절을 경험하지만, 그 속에서도 희망을 발견해야 한다.

빛을 발견한 순간, 우리는 더 이상 과거의 나로 머물지 않고, 새로운 가능성을 향해 나아가게 된다. 이 이야기는 고난 속에서도 포기하지 않고 끝까지 나아갈 때, 반드시 변화와 기회가 찾아온다는 것을 강조한다. 고난과 시련 속에서도 희망을 잃지 않고 나아갈 때, 변화와 기회가 찾아온다는 메시지를 담고 있다.

모든 성공한 사람들은 어둠 속에서도 빛을 찾으려 했다.

빛은 단순한 희망이 아니라, 새로운 도전과 변화의 기회이다.

빛과 마주하는 순간, 당신의 삶은 더 이상 예전과 같지 않다.

"당신은 지금, 빛을 찾고 있는가? 아니면 어둠 속에서 머물러 있는가?

제 6 장

The Dream Walker

진정한 영웅이란 무엇인가

01 "영웅들의 마을"
(The Village of Heroes)

저기 숲속 사이로 불빛이 보이기 시작했다. 나와 소년은 영웅을 더욱더 따라붙었고, 마침내 마을에 들어섰다. 그런데 지금까지 본 마을과는 완전히 다른 분위기가 느껴졌다. 그렇다, 바로 영웅마을이었다.

마을 한가운데 광장이 있었고, 사람들의 웃음소리가 끊이지 않았다.

남녀노소 할 것 없이 모두가 각자의 일을 하고 있었으며, 그들의 움직임 하나하나에는 강인한 기운과 여유로움이 깃들어 있었다.

마치 이곳의 모든 사람이 전설적인 전사나 모험가처럼 보였다.

광장 한쪽에서는 장대한 갑옷을 입은 거구의 대장장이가 커다란 망치를 들고 검을 두드리고 있었다. 그의 곁에는 제자들이 땀을 흘리며 무기를 벼리고 있었고, 강인한 팔뚝이 만들어낸 불꽃이 반짝였다.

그 앞에서는 한 여성 궁수가 날렵한 몸짓으로 화살을 쏘고 있었다. 그녀는 단 한 번의 실수도 없이 표적을 명중시켰고, 이를 본 젊은 수련생들이 감탄을 터뜨렸다.

조금 더 안쪽으로 들어가니, 커다란 도서관이 자리 잡고 있었다. 그곳에서는 학자들이 마법 연구에 몰두하고 있었고, 어린아이들은 작은 마법을 연습하며 눈을 빛내고 있었다. 한 노인이 손끝에서 부드러운 바람을 일으키며 아이들에게 기초 마법을 가르치는 모습은 매우 인상적이었다.

또 다른 곳에서는 검술 대련이 벌어지고 있었다.

마을의 전사들이 한데 모여 칼을 부딪치며 기술을 연마하고 있었다. 그들의 검은 빠르고 날카로웠지만, 동시에 서로를 존중하는 태도가 묻어나왔다.

그 옆에서는 거대한 맨손 격투가가 젊은이들에게 체술을 가르치고 있었다. 그는 태양처럼 빛나는 미소를 지으며 제자들을 독려했고, 제자들은 땀을 흘리면서도 힘찬 기합을 외쳤다.

우리의 시선을 사로잡은 것은 마을의 중심부였다. 한 거대한 석상이 광장의 중심을 장식하고 있었다. 그것은 이 마을을 창설한 전설적인 영웅의 모습이었다. 그의 손에는 칼이 들려 있었고, 그의 얼굴에는 흔들리지 않는 신념이 깃들어 있었다. 사람들은 그 석상 앞을 지날 때마다 존경의 인사를 건넸다.

소년과 나는 이 마을의 활기찬 기운과 강렬한 생명력에 감탄했다. 이곳은 단순한 마을이 아니었다. 영웅이 태어나고, 영웅이 자라며, 영웅이 또 다른 영웅을 만드는 곳이었다. 나와 소년은 이곳에서 무엇을 배우게 될까? 어떤 새로운 만남이 우리를 기다리고 있을까? 생각했다.

그리고 우리를 구해준 영웅에게 또 감사 인사를 했다.

"정말 감사합니다. 저희가 그토록 찾던 영웅마을을…" 나는 흐느끼며 인사를 전했다.

"어이, 울지 말라고 이제부터가 시작이야, 영웅이 되기 위해서 엄청난 훈련이 기다리고 있어." 영웅은 미소를 보이며 조언을 해주었다.

영웅은 우리를 바라보며 미소를 지었다. "너희들이 먼 길을 걸어왔으니, 편히 쉴 수 있는 숙소를 마련해 주겠다." 하며 길을 안내했다. 우리는 그를 따라 마을 중심에서 조금 떨어진 곳으로 향했다.

그곳에는 아름다운 돌로 지어진 숙소들이 늘어서 있었고, 창문마다 은은한 빛이 새어 나왔다. 숙소 앞에는 작은 정원이 있었고, 향기로운 꽃들이 가득 피어 있었다.

숙소 내부는 따뜻하고 안락했다. 부드러운 침대와 나무로 만든 가구들이 놓여 있었으며, 창문을 열면 신선한 공기가 스며들었다. 탁자 위에는 따뜻한 차와 간식들이 놓여 있었고, 우리는 그 온기에 감탄하며 자리에 앉았다. 영웅은 "여기서 편히 쉬고 내일 광장에서 정오에 다시 만나자."라고 말하며 문을 닫고 나갔다.

소년과 나는 서로를 바라보며 웃었다. "정말 멋진 곳이야. 믿을 수 없을 정도로 편안해." 우리는 피곤한 몸을 달래기 위해 침대에 누웠다. 천장을 바라보며 오늘 하루의 일을 떠올리니, 마음이 벅차올랐다. 이곳에서 우리는 어떤 모험을 하게 될까? 어떤 사람들과 만나게 될까? 기대감이 가득한 채, 우리는 천천히 잠에 빠져들었다.

나는 마치 영혼이 떠다니는 듯한 상태로 꿈을 꾸었다. 지금까지 거쳐 왔던 마을들을 떠올렸다. 고요한 밤하늘 아래서 나는 마을 하나하나를 내려다보았다. 우리가 머물렀던 작은 마을, 괴물의 습격을 받았던 곳, 그리고 지금 우리가 있는 영웅마을까지. 내가 영웅이 된다면, 이 마을들을 어떻게 지킬 수 있을까?
하지만 반대로, 영웅이 되지 못한다면? 내게 힘이 없다면 나는 결국 또다시 무력하게 눈앞에서 소중한 이들을 잃고 말 것이다. 절망에 빠진 나는 깊은 어둠 속으로 빨려 들어가는 듯했다.
그러나 어딘가에서 부드러운 빛이 나를 감쌌다. 그것은 내가 마음 속 깊이 간직했던 신념과 희망이었다. "포기하지 않는 한, 나는 무엇이든 할 수 있어."
나는 영웅이 되어 마을들을 지킬 수 있을까? 아니면 끝없는 두려움 속에서 주저앉고 말 것인가? 그 해답을 찾기 위해 나는 다시 앞으로 나아가기로 결심했다.

눈을 뜨자, 아침 햇살이 창문 사이로 스며들고 있었다. 오늘은 새로운 하루, 새로운 도전이 우리를 기다리고 있을 것이었다.

요약

영웅마을은 단순한 장소가 아니라, 성장과 발전을 위한 최고의 환경을 의미한다. 이곳에서는 모든 사람들이 배움과 훈련을 통해 강해지고, 자신만의 능력을 개발하며, 서로를 성장시킨다. 즉, 영웅들의 마을은 '자기계발과 성공을 위한 이상적인 시스템'을 상징한다.

이야기 속의 영웅마을은 무작정 강한 사람이 모인 곳이 아니라, 지속적으로 배우고 훈련하며 강해지는 문화가 자리 잡은 곳이다. 이는 현실에서도 적용된다. 성공하기 위해서는 자신을 성장시킬 수 있는 환경을 찾고, 함께 발전할 수 있는 사람들과 어울리는 것이 필수적이다. "영웅들의 마을"은 단순한 전설 속 장소가 아니다.

이곳은 자신을 성장시키고, 더 나은 사람이 될 수 있도록 돕는 환경을 의미한다.

❖ 당신은 현재 스스로를 성장시키는 환경 속에 있는가?

❖ 당신은 배움을 멈추지 않고 계속 발전하고 있는가?

❖ 당신 주변에는 함께 성장할 수 있는 멘토와 동료가 있는가?

만약 그렇지 않다면, 지금 당신만의 '영웅마을'을 찾아야 한다.

배우고, 훈련하며, 성장할 수 있는 환경 속에 자신을 두어라.

성공한 사람들과 교류하고, 더 나은 사람이 될 수 있는 기회를 찾아라. 끊임없이 배우고 도전하며, 스스로를 계속해서 업그레이드하라.

"당신은 영웅마을에 들어갈 준비가 되었는가?"

02 "영웅의 길을 선택하다"
(Choosing the Path of a Hero)

※ 다음 날 아침, 우리는 숙소를 나와 정오에 광장으로 향했다. 영웅은 이미 우리를 기다리고 있었다. 그는 우리를 바라보며 말했다. "너희가 진정한 영웅이 되기 위해선 여러 단계를 거쳐야 한다. 그것은 힘과 기술뿐만 아니라, 마음가짐까지 단련하는 과정이다."

첫 번째 단계는 "어떤 영웅이 되고 싶은지"에 대한 목표를 정하는 것이었다. 이러한 구체적인 목표를 세워본 적 없는 우리였기에 쉬운 일이 아니었다.

영웅은 우리에게 마을을 더 자세히 둘러보라고 권했다. "이 마을에는 다양한 영웅이 있다. 전사, 마법사, 궁수, 치료사, 학자, 심지어 전략가까지. 너희가 어떤 영웅이 될지 스스로 선택해야 한다. 그 선택이 앞으로의 길을 결정할 것이다."

우리는 마을을 돌며 각 직업의 영웅들을 관찰하기 시작했다. 전사들은 훈련장에서 대검을 휘두르며 거친 숨을 내쉬었고, 마법사들은 신비로운 주문을 외우며 불꽃과 얼음, 바람을 다루고 있었다. 궁수들은 빠른 움직임으로 화살을 쏘았고, 치료사들은 다친 전사들의 상처를 어루만지며 회복 마법을 사용했다.

학자들은 도서관에서 역사와 전략을 연구했고, 전략가들은 전투에서 승리를 이끌 전술을 연구하며 병력을 지휘하는 법을 익히고 있었다.

소년과 나는 깊은 고민에 빠졌다. 힘과 용기로 적과 맞서는 전사가 될 것인가? 지혜와 마법을 다루는 마법사가 될 것인가? 빠른 판단력과 집중력이 필요한 궁수가 될 것인가? 사람들을 돕는 치료사나 세상을 바꿀 전략가가 될 것인가?

영웅은 우리에게 말했다. "너희가 어떤 영웅이 될지는 지금 당장 결정할 필요는 없다. 하지만 한 가지 확실한 것은 목표가 확실하지 않으면 두 번째로 나아갈 수 없다는 것을 명심해야 한다. 그리고 반드시 자기 자신이 정말로 원하는 것이어야 한다는 거다. 그래야 어떤 고난이 와도 끝까지 나아갈 수 있다."

소년과 나는 마을 곳곳을 돌아다니며, 각 영웅들과 직접 이야기를 나누었다. 그들의 경험담을 듣고, 각 직업의 장점과 단점을 비교하며 우리에게 맞는 길을 찾아야 했다. 우리가 어떤 영웅이 될지는 아직 알 수 없지만, 이 여정이야말로 우리를 더욱 성장하게 만들 것임을 느꼈다.

영웅은 우리에게 한 사람을 소개시켜 주었다.
"이분은 우리 영웅마을의 현자시네, 이분이 바로 너희가 바라는 목표에 대한 부분을 알려줄 분이시지. 꼭 진지하게 배울 자세로 지혜를 얻길 바란다." 영웅은 우리에게 조언을 하고 발길을 돌려 다른 곳으로 향했다.

그리고 소개해 준 현자라는 분의 분위기는 압도당하는 분위기를 풍기고 있었지만, 얼굴에는 너무나도 인자한 표정을 짓고 계셨다. 우리는 허리를 숙여 인사를 했다.
"안녕하세요. 저희는 어제 영웅마을에 도착해서 영웅이 되기 위한 방법을 찾고 있어요!"
현자가 대답했다. "어서 오세요. 영웅마을에 오기까지 힘든 여정이 반복되었을 텐데, 포기하지 않고 끝까지 오셨군요. 저와 함께 저희 집에서 차 한잔하면서 이야기를 시작해 볼까요?"
"네 감사합니다! 많은 지도 부탁드리겠습니다." 우리는 현자를 따라 갔다.

현자는 마을의 가장 높은 언덕 위 작은 오두막에 살고 있었다. 그의 집은 오래된 책과 두루마리로 가득 차 있었고, 벽에는 수많은 그림과 기호들이 새겨져 있었다. 현자는 긴 흰 수염을 쓰다듬으며 우리를 자신의 집으로 맞이했다.

"영웅이 되고 싶은가요? 그렇다면 여러분이 원하는 영웅의 모습을 명확히 해야 해요." 현자는 조용히 말했다. "그렇지 않으면 여러분의 길은 흔들리고, 끝없는 방황에 빠질 것입니다. 명확하지 않으면 영웅마을에 있어도 영웅이 될 수 없습니다."

그는 우리를 작은 테이블 앞으로 안내했다.

테이블 위에는 여러 개의 작은 수정구가 놓여 있었다. "이 수정구들은 각각 다른 영웅의 길을 상징하죠. 눈을 감고 손을 얹어보세요. 여러분의 마음이 어디로 향하는지 느껴보도록 하세요."

나는 신중하게 수정구에 손을 얹었다. 순간 내 머릿속에는 전사의 길을 걷는 강한 존재의 모습이 떠올랐다. 커다란 검을 휘두르며 전장을 누비는 모습이 생생하게 그려졌다. 하지만 곧 마법을 사용해 지혜롭게 싸우는 마법사의 모습도 떠올랐다. 모든 가능성이 내 안에서 꿈틀거리는 듯했다.

소년 또한 같은 과정을 거쳤다. 그의 얼굴에 깊은 고민이 스쳤다. 소년은 궁수가 될 것인지, 치료사가 될 것인지 결정해야 했다. 현자는 우리를 바라보며 말했다. "여러분의 선택은 단순히 직업이 아니라, 삶의 방식이 될 것입니다. 오직 마음속 깊이 원하는 길을 선택해야 합니다."

현자는 우리에게 조언을 이어갔다.

"영웅이 되는 길에는 세 가지 요소가 중요하죠. 첫째, 여러분이 가장 강하게 끌리는 것. 둘째, 여러분이 남들에게 도움을 줄 수 있는 것. 셋째, 여러분이 평생을 바쳐도 후회하지 않을 것. 이 세 가지를 깊이 고민해 보세요."

우리는 잠시 침묵에 빠졌다. 각자의 마음속에서 불타오르는 열정을 찾고자 노력했다. 현자는 마지막으로 덧붙였다.

"급할 필요는 없어요. 하지만 확실히 정해야 합니다. 여러분이 어떤 영웅이 되고 싶은지 명확한 목표를 세울 때, 진정한 영웅으로 향하는 첫걸음을 내디딜 수 있을 것입니다."

우리는 깊은 고민에 빠진 채, 현자의 집을 나섰다. 이제 우리의 선택이 다가오고 있었다. 나와 소년은 한참을 생각했다. 그리고 우리는 마을 구석에서 꾸준히 생각했다. 하지만 떠오르질 않아서 머리가 아플 지경이었다. 그때 우리 앞으로 지나가는 건장한 남자에게 다짜고짜 물어보았다. "혹시 목표를 정할 수 있는 방법이 있을까요?"

남자는 우리의 질문에 깜짝 놀란 듯하다가, 이내 미소를 지었다.

"목표라... 그것은 저마다 다르게 찾는 법이지. 하지만 나에게도 도움이 되었던 방법이 하나 있긴 하다." 그는 우리를 바라보며 말했다. "자, 나를 따라오라. 너희가 진정 원하는 길을 찾을 수 있도록 도와주마." 건장한 남자는 우리를 고서가 가득한 건물로 안내했다. 그러고는 우리에게 이곳에서 관심 있어 보이는 책을 읽어보라고 권했다. 나와 소년은 책을 찾아 읽으면서 목표 찾는 방법을 찾을 수 있을 것이라는 희망이 보이기 시작했다.

그는 우리에게 말했다. "이곳에는 오래전부터 내려온 영웅들의 기록이 담긴 책들이 있다. 이 책을 읽으며 너희의 가슴을 뛰게 만드는 이야기를 찾아라. 그곳에 너희가 나아갈 길이 있을 것이다."

나와 소년은 책장을 살펴보았다. 한 권 한 권 펼쳐볼수록 우리는 수많은 영웅들의 삶과 선택을 마주하게 되었다. 어떤 이는 정의를 위해 검을 들었고, 어떤 이는 세상을 치유하는 마법사가 되었다.

또 어떤 이는 거대한 지식을 쌓아 세상을 이끌었으며, 또 다른 이는 탐험가가 되어 미지의 땅을 개척했다.

책을 읽을수록 우리의 가슴은 점점 뜨거워졌다. 우리의 마음을 사로잡는 이야기가 있었고, 우리는 그것을 통해 우리가 가야 할 길을 어렴풋이 깨닫기 시작했다.

먼지가 쌓인 책들 사이로 오래된 지혜와 이야기가 숨 쉬고 있는 듯했다. 우리는 각자의 손에 책 한 권씩 들고 앉아 책장을 넘기며 영웅이 되는 방법에 대해 꾸준히 탐구하기 시작했다.

소년이 먼저 남자에게 입을 열었다. "영웅이 된다는 건 대체 어떤 의미일까요? 저는 그냥 사람들이 저를 좋아해 주고, 필요로 할 때 도와주는 사람이 되고 싶어요."

남자는 미소를 지으며 소년에게 말했다. "그것도 훌륭한 목표야. 하지만 영웅이 되는 길은 하나로 정해져 있지 않아. 이 책들 속에는 수많은 영웅들의 이야기가 담겨 있어. 그들은 각자 자신만의 방식으로 영웅이 되었지."

소년은 고개를 끄덕이며 책 속으로 더 깊이 빠져들었다. 나도 소년이 읽는 책을 힐끗 보았다. 그것은 한 평범한 농부가 자신의 마을을 지키기 위해 괴물과 싸운 이야기였다. 농부는 특별한 무기를 가진 것도 아니었고, 강력한 마법을 사용할 줄 아는 것도 아니었다. 하지만 그는 자신의 두려움을 이겨내고 마을 사람들을 위해 용기를 내었다.

"이 농부처럼 저도 용기를 내면 될까요?" 소년이 남자에게 물었다.

"물론이지," 남자가 대답했다. "하지만 용기는 단순히 무서움을 이겨내는 것만이 아니야. 때로는 자신의 약점을 인정하고, 다른 사람들에게 도움을 요청하는 것도 용기야."

그 말을 듣고 소년은 잠시 생각에 잠겼다. 나는 다른 책 한 권을 꺼내 들었다. 이번에는 한 마법사가 주인공인 이야기였다. 그는 어릴 적부터 마법에 재능이 있었지만, 그 재능을 남용하지 않고 항상 사람들을 돕는 데 사용했다. 그는 자신의 지식과 힘을 통해 세상을 더 나은 곳으로 만들겠다는 목표를 세웠다.

"영웅이 되는 건 꼭 싸우는 것만은 아니야," 남자가 말했다. "지혜와 지식을 나누는 것도 영웅적인 행동 중 하나야."

소년은 고개를 끄덕이며 말했다. "그럼 저는 사람들을 도울 수 있는 능력을 키우고 싶어요. 하지만 어떻게 해야 할지 잘 모르겠어요."

남자는 미소를 지으며 소년에게 말했다. "그건 네가 앞으로 찾게 될 길이야. 중요한 건 네가 어떤 영웅이 되고 싶은지 스스로에게 물어보는 거야. 그리고 그 답을 찾기 위해 노력하는 거지."

소년은 눈을 반짝이며 말했다. "그럼 저는 지금부터 제 목표를 찾기 위해 노력할 거예요! 제가 어떤 영웅이 되고 싶은지 알아낼 때까지요!"

나는 소년의 결심에 감탄하며 말했다. "좋아, 우리가 이 방에 있는 책들을 모두 읽어보면서 너와 나의 길을 찾아보자."

그렇게 우리는 고서가 가득한 방에서 시간을 보내며 다양한 영웅들의 이야기를 읽어나갔다. 어떤 영웅은 용감했고, 어떤 영웅은 지혜로웠다. 또 어떤 영웅은 단순히 친절함과 배려로 사람들의 마음을 얻었다.

나와 소년은 점점 자신의 목표를 구체화해 나갔다. 우리는 단순히 강하거나 유명한 영웅이 되는 것이 아니라, 사람들에게 희망을 주는 존재가 되고 싶다고 생각했다. 우리는 서로의 결심에 격려를 보냈다.

"네가 어떤 길을 선택하든, 중요한 건 네가 진심으로 원하는 것을 따르는 거야," 남자가 말했다. "그리고 그 길에서 만나는 어려움들은 너를 더 강하게 만들어 줄 거야."

소년은 환하게 웃으며 말했다. "감사합니다! 이제 제가 어떤 영웅이 되고 싶은지 조금씩 알 것 같아요."
"저는 치유사가 되고 싶어요! 다른 사람들을 돕는 것이 나의 길이라는 생각이 확고해졌어요!"
나는 격려를 하면서 내심 부러웠다. 아직 나는 무엇이 되고 싶은지 갈피를 못 잡고 있었다.

그때 잠시 볼일을 보고 온 남자는 나에게 말했다.

"어떤 영웅이 되기 위한 목표가 떠오르지 않을 때는 이 책이 너에게 도움이 될 거야."

남자가 건네준 책을 손에 들고 나는 한동안 그 표지를 바라보았다. 제목은 "생각과 행동", 단순하지만 묘하게 끌리는 제목이었다.

나는 책의 첫 장을 넘기며 조용히 읽기 시작했다. 책의 서문에는 이런 문장이 적혀 있었다.

"생각은 행동의 씨앗이다. 행동은 생각의 열매다. 네가 어떤 영웅이 되고 싶은지 알고 싶다면, 지금 네가 무엇을 생각하고 행동하고 있는지 돌아보아라."

이 문장을 읽는 순간, 뭔가 가슴 한편이 찌릿했다. 나는 어떤 영웅이 되고 싶은 걸까? 그리고 지금 나는 어떤 생각과 행동을 하고 있는 걸까?

책은 계속해서 나를 질문 속으로 끌어들였다. "네가 진정으로 원하는 것은 무엇인가?", "네가 두려워하는 것은 무엇인가?", "너를 움직이게 하는 것은 무엇인가?"

나는 책을 읽으며 나 자신을 돌아보기 시작했다. 평소에는 깊게 생각하지 않았던 문제들이 하나둘 떠올랐다. 내가 진정으로 이루고 싶은 영웅은 무엇인지, 그 꿈을 가로막는 장애물은 무엇인지, 그리고 그 장애물을 넘기 위해 내가 지금 할 수 있는 일은 무엇인지 말이다.

책의 중간쯤에 이르렀을 때, 나는 문득 남자의 얼굴이 떠올랐다. 그는 왜 이 책을 나에게 추천해 준 걸까? 혹시 그는 내가 무언가를 찾지 못해 헤매고 있다는 것을 알아챘던 걸까? 아니면 단순히 우연히 추천했을 뿐일까?

하지만 곧 그런 생각들은 중요하지 않다는 것을 깨달았다. 중요한 것은 이 책이 나에게 새로운 질문과 통찰을 주었다는 사실이었다. 나는 책을 덮고 깊은 숨을 내쉬었다.

그리고 마음속으로 결심했다. 내가 어떤 영웅이 되고 싶은지, 어떤 목표를 이루고 싶은지 더 깊이 고민해 보겠다고. 그리고 그 고민이 끝난다면, 주저하지 않고 행동으로 옮기겠다고.

그 순간, 마치 무언가가 내 안에서 깨어나는 것 같았다. 나는 남자에게 고마움을 느끼며 책을 다시 한번 손에 들었다. 이번에는 더 천천히, 더 깊이 읽어 내려가기로 마음먹었다.

나는 책장을 넘겼다. 책 속에는 한 영웅이 전사가 되기로 결심한 순간이 기록되어 있었다. 강인한 몸과 불굴의 의지, 그리고 동료를 보호하려는 강한 책임감. 나는 그것이 바로 나의 길임을 깨달았다. 나는 단순한 전사가 아니라, 사람들을 지키고 전장에 서서 아군을 보호하는 방패가 되기로 했다.

전사가 된다는 것은 단순히 힘을 가지는 것이 아니라, 올바르게 사용할 줄 알아야 한다는 의미였다. 나는 용맹하게 싸우면서도 절제된 힘을 사용하고, 동료들을 위험에서 보호하는 법을 익힐 것이었다. 또한 전투 기술뿐만 아니라 전략과 전술을 익혀, 전장에서 누구보다 냉철하게 판단할 수 있는 존재가 되고 싶었다.

소년은 내 결정을 듣고 고개를 끄덕였다. "분명히 훌륭한 전사가 될 거예요. 나는 싸우는 동안 옆에서 지원을 하겠어요. 함께 강해져요."

이제 우리의 길은 정해졌다. 나는 전사가 되기로 했고, 그 길을 걸어갈 준비가 되어 있었다. 이제부터는 내가 선택한 길을 위해 훈련하고, 더 강한 존재가 되어야 할 순간이었다.

요약

성공은 목표를 설정하는 것에서 시작된다.

아무리 강한 의지를 가진 사람도, 자신이 원하는 목표가 명확하지 않다면 방향을 잃고 방황할 수밖에 없다. 영웅마을에서 주인공과 소년이 겪는 과정은 목표를 찾고 설정하는 것이 얼마나 중요한지를 보여준다. 이 이야기는 단순히 영웅이 되기 위한 과정이 아니라, 성공을 향해 가는 모든 사람들이 반드시 거쳐야 하는 '목표 설정'과 '결단'의 중요성을 강조한다. "영웅의 길을 선택하다"는 단순한 판타지가 아니다. 이것은 우리 삶에서도 중요한 메시지를 담고 있다.

성공을 위해서는 반드시 목표를 명확히 해야 한다.

목표가 없으면, 방향을 잃고 방황하게 된다.

목표를 찾기 위해서는 자신을 탐색하고 깊이 고민해야 한다.

목표를 찾았으면, 반드시 실천해야 한다.

"지금 당신은 어떤 목표를 향해 나아가고 있는가?"

"당신이 정말 원하는 것이 무엇인지, 스스로에게 질문해본 적이 있는가?"

목표를 찾고, 그것을 위해 행동하는 것이야말로 성공의 첫걸음이다.

03 "육체의 단련, 영웅의 길"
(The Training of the Body, The Path of a Hero)

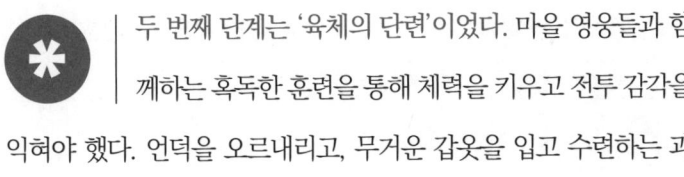 두 번째 단계는 '육체의 단련'이었다. 마을 영웅들과 함께하는 혹독한 훈련을 통해 체력을 키우고 전투 감각을 익혀야 했다. 언덕을 오르내리고, 무거운 갑옷을 입고 수련하는 과정은 결코 쉬운 일이 아니었다. 치유사 역시 강한 육체가 필요했다.

내가 전사가 되기 위한 영웅의 길은 혹독한 훈련이 수반되었다. 새벽이 밝아오기 전, 나는 이미 몸을 일으켜 지구력을 키우기 위한 5km의 달리기를 시작했다. 언덕을 오르내리며 한 걸음 한 걸음 내디딜 때마다 나의 근육은 단련되었고, 숨을 몰아쉬는 동안 심장은 더욱 강인해졌다. 모래주머니를 차고 긴 거리를 이동하며 나는 한계를 시험했다.

숨이 차오르고 나는 생각했다.

나는 다리를 움켜쥐고 헉헉거리며 땀을 흘렸다. 숨이 턱 끝까지 차올랐다. 온몸이 땀과 먼지로 뒤범벅이 된 채 바닥에 털썩 주저앉았다.

"이 훈련을 매일 해야 하나? 죽을 거 같은데…"

나의 나약한 마음이 또다시 솟구쳤다. 너무 힘든 나머지, 나는 내 자신을 합리화하기 시작했다.

"하루쯤 쉬어도 괜찮지 않을까? 아무도 나를 감시하지 않잖아. 굳이 이렇게까지 해야 할까?"

사실, 영웅마을에서는 누구도 나에게 훈련을 강요하지 않았다. 여기는 특별한 마을이었다. 전설적인 영웅들이 길러지는 곳이지만, 누구 하나 강제로 훈련을 시키지는 않았다. 다만 어떤 방식으로 훈련해야 하는지만 알려주는 곳이었다.

누군가는 검술을 연마했고, 누군가는 마법을 익혔으며, 또 누군가는 전술을 공부했다. 하지만 그것은 모두 자신의 선택이었다. 누구도 감시하거나 다그치지 않았다. 오직 스스로를 이겨낸 자들만이 영웅이 될 자격을 얻었다.

나는 바닥을 바라보며 고민했다. 쉬고 싶었다. 그냥 평범한 삶을 살고 싶다는 유혹이 나를 휘감았다. 하지만…

문득 마을 입구에서 처음 들었던 말을 떠올렸다.

"이곳에서 훈련을 멈추는 순간, 너는 영웅이 될 수 없다."

나를 이겨내지 못한다면, 나는 그저 평범한 한 명의 인간으로 남을 뿐이다. 영웅이 되고 싶다는 꿈을 품고 이곳에 온 것이 아닌가?

나는 한숨을 내쉬며 다시 검을 움켜쥐었다.

"또 한 번만. 한 걸음만 더 나아가 보자."

나는 힘겹게 몸을 일으켰다. 내 안의 나약한 마음을 꾹 눌러 담고, 다시 체력 훈련을 시작했다. 오늘도, 내일도, 그리고 그다음 날도.

영웅이란, 누구도 지켜보지 않을 때에도 자신과 싸워 이겨낸 자만이 될 수 있는 존재이기 때문이다.

근력 강화를 위해 나는 팔굽혀펴기, 윗몸 일으키기, 턱걸이를 반복했다. 갑옷을 착용한 상태에서도 지치지 않도록 체력을 키우는 것이 나의 목표였다. 하지만 전사의 길은 단순한 힘만을 요구하는 것이 아니었다. 유연성을 기르기 위해 나는 매일 스트레칭과 요가를 수행하며 부상을 예방했다.

땅을 짚고 몸을 내렸다. 팔이 떨리기 시작했지만 이를 악물었다. 팔굽혀펴기, 윗몸 일으키기, 턱걸이, 모든 훈련을 매일 반복하는 것이 나의 일과였다. 전사가 되기 위해서는 강한 근력과 지치지 않는 체력이 필요했다.

나는 단순히 힘을 기르는 것만이 전사의 길이라고 생각했다. 하지만 시간이 지날수록 깨닫게 되었다. 단순한 힘만으로는 승리할 수 없다는 것을.

그래서 나는 새로운 훈련을 추가했다. 몸의 균형을 맞추고 유연성을 기르기 위해 스트레칭과 요가를 시작했다. 처음에는 어색하고 불필요하다고 느껴졌지만, 점점 깨닫게 되었다. 몸이 유연해질수록 전투에서도 더 민첩하게 움직일 수 있다는 사실을. 그리고 부상을 예방하는 것이야말로, 장기적으로 전사가 가져야 할 가장 중요한 능력 중 하나라는 것을.

그러나 훈련이 힘들어질 때마다 내 안에서는 늘 나약한 목소리가 속삭였다.

"이 정도면 충분하지 않을까?"

"내일 해도 되잖아. 오늘은 좀 쉬어도 괜찮지 않아?"

포기하고 싶을 때마다 나는 문득 떠올렸다. 위대한 전사들은 모두 이런 순간을 견뎌냈을 것이다. 그들이 성공할 수 있었던 이유는 끝까지 자신을 이겨냈기 때문이었다.

나는 고서가 가득한 건물에서 읽은 책에서 나온 말을 기억해 냈다.

"성공하는 자들은 자신을 이겨낸 자들이다."

그렇다. 남들이 보지 않을 때에도 스스로를 단련하는 자만이 진정한 영웅이 될 수 있다. 아무도 지켜보지 않는 곳에서 포기할 이유가 수없이 떠오르는 순간에도, 나는 스스로를 이겨내야만 했다.

그날 이후, 나는 세 가지 원칙을 세웠다.

남들이 보지 않을 때에도 스스로를 단련할 것.

작은 습관이 결국 큰 차이를 만든다는 것을 믿을 것.

쉬운 길을 찾지 말 것. 오직 최선의 길을 선택할 것.

나는 무거운 갑옷을 바라보았다. 이 갑옷을 입고도 지치지 않는다면, 나는 진정한 전사가 될 수 있을 것이었다.

나는 숨을 고르고 다시 검을 집어 들었다. 오늘도, 내일도, 그리고 그다음 날도.

끝까지 나를 이겨내기로 결심했다.

"내가 걷는 길이 바로 영웅의 길이다."

전투 기술 연마는 더욱 치열했다. 검술과 창술, 방패술을 익히며 나는 여러 무기를 자유자재로 다룰 수 있도록 연습했다. 검은 바람을 가르며 휘둘러지고, 방패는 적의 공격을 막아냈다. 전투에서 승리하려면 단순한 힘만이 아니라 기술과 전략이 필요했다. 나는 맨손 격투와 레슬링 기술을 익히며 적을 제압하는 법을 배웠다. 방패를 활용한 방어와 반격 기술도 익혀야 했다.

전투 훈련은 더욱 치열해졌다. 단순히 근력을 키우는 것만으로는 부족했다. 검술, 창술, 방패술 등 나는 다양한 무기를 자유자재로 다룰 수 있도록 연습했다.

검은 바람을 가르며 날카롭게 휘둘러졌고, 방패는 적의 공격을 단단히 막아냈다. 하지만 단순히 힘이 강하다고 해서 전투에서 승리할 수 있는 것은 아니었다. 전투에서 진정한 승자는 힘뿐만 아니라, 기술과 전략을 갖춘 자였다.

나는 검을 휘두르는 속도뿐만 아니라, 정확도와 효율성을 고려했다. 한 번의 공격으로 상대를 무력화할 수 있는 방법을 익혀야 했다. 방패를 단순한 방어 도구가 아니라, 반격과 제압을 위한 무기로 활용하는 법도 배웠다.

그러나 훈련이 계속될수록, 점점 더 어려워졌다. 팔이 떨리고, 다리가 무거워졌다. 한계를 느낄 때마다 내 안에서 두 개의 목소리가 싸웠다.

"더 이상 못 하겠어. 이 정도면 충분하잖아."

"아니, 한 걸음만 더 나아가라. 승리는 인내하는 자의 것이다."

나는 후자의 목소리를 택했다. 진정한 전사는 한계를 넘어선 자들만이 될 수 있다.

과거의 위대한 전사들은 단순히 힘만 강했던 것이 아니었다. 그들은 승리의 법칙을 알고 있었다.

힘만으로는 승리할 수 없다. 기술과 전략이 승리를 결정한다.

상대보다 한발 앞서 생각하는 자가 최후의 승자가 된다.

쉬운 싸움은 없다. 그러나 준비된 자만이 어떤 싸움에서도 살아
남는다.

나는 검을 다시 쥐었다. 그리고 다시 공격 자세를 취했다. 피로가
몰려왔지만, 나는 알고 있었다.

"이 훈련을 반복할수록 나는 더 강해진다."

나는 맨손 격투와 레슬링 기술도 익히기 시작했다. 무기가 없을
때에도 싸울 수 있어야 했다. 진정한 전사는 모든 상황에서 승리
를 쟁취할 수 있는 존재여야 한다.

방패를 활용한 방어와 반격 기술도 몸에 익혔다. 방패는 단순한
방어구가 아니라, 상대를 제압하는 강력한 무기가 될 수 있었다.

훈련을 마친 후, 나는 숨을 고르며 스스로에게 다짐했다.

"오늘보다 강한 내가 되자. 나는 전진하는 자다. 포기하지 않는
자다."

그리고 나는 다시 검을 들었다.

내가 걷는 길이 바로 승리의 길이었다.

그러나 영웅마을에서 알려준 모든 육체적인 훈련이 끝난 뒤에도
나는 단련을 멈추지 않았다. 균형 잡힌 식사와 충분한 휴식을 통
해 몸을 회복해야 했다. 나의 몸은 매일 조금씩 강해졌고, 하루하

루 전설적인 영웅이 되기 위해서 노력했다.

이러한 혹독한 수련과 훈련을 통해 나는 단순한 사람이 아니라, 진정한 영웅으로 성장해 나갔다. 자신의 한계를 넘어서고, 어떠한 상황에서도 살아남을 수 있도록 준비하는 것. 그것이 바로 전사가 되어 영웅이 되는 길이었다.

한편, 치료사의 길 또한 결코 쉽지 않았다. 단순히 상처를 치료하는 역할이 아니라, 전장의 한복판에서도 부상자를 찾아가야 하는 존재였다. 그들은 부상자에게 빠르게 접근할 수 있도록 지구력 훈련을 받았고, 돌발 상황에서도 침착함을 유지할 수 있도록 정신적 훈련을 병행했다.

새벽이 밝아 오기도 전에 치료사는 기동력을 키우기 위해 마을 주변을 가로지르며 달리기를 시작했다. 거친 땅을 달리며, 험난한 지형 속에서도 속도를 유지하는 법을 익혔다. 긴 거리를 뛰면서도 한 손으로 붕대를 감을 수 있도록 손놀림을 단련했다.

또한 치료사는 지친 병사들을 보호할 수 있어야 했다. 기본적인 방어 기술을 익히기 위해 그들은 검을 쥐었고, 단순한 방어 자세부터 숙련된 회피 기술까지 연마했다. 완벽한 전사가 될 필요는 없었지만, 최소한의 저항 없이 부상자를 안전한 곳으로 옮길 능력은 필수적이었다.

정신력 또한 단련해야 했다. 전쟁의 소용돌이 속에서 차분함을 유지하는 것은 필수였다. 치료사는 매일 명상과 호흡 조절을 통해 마음을 다스리고, 냉철한 판단력을 유지하는 훈련을 했다. 전장에서의 압박 속에서도 올바른 결정을 내릴 수 있도록 하기 위함이었다.

그들은 또한 응급 처치 기술을 반복 연습했다. 어두운 동굴 안에서도, 빗속에서도, 심지어는 공격이 계속되는 와중에도 부상자를 돌볼 수 있도록 환경을 가리지 않고 연습했다. 붕대를 감는 속도와 정확성, 지혈과 골절 치료, 독에 대한 응급 처치까지 모든 것이 생명을 좌우하는 기술이었다.

치료사 역시 전사와 마찬가지로 강한 신체와 정신력을 요구받았다. 부상자를 살리기 위해서는 자신의 한계를 극복해야 했고, 자신의 안전을 지키면서도 다른 이들을 도와야 했다. 이러한 단련을 거쳐야만, 우리들은 전장에서 진정한 영웅이 될 수 있었다.

요약

"영웅은 하루아침에 만들어지지 않는다. 그들은 매일 자신의 한계를 넘어선 자들이다."

육체를 단련하는 과정은 단순한 체력 훈련이 아니라, 자신과의 싸움을 이겨내고 성장하는 과정이다. 이것은 영웅이 되기 위한 필수 단계이자, 현실에서의 성공 원칙과도 일맥상통한다. 이 이야기는 성공을 위해 필요한 자기관리, 끈기, 그리고 자기 극복의 중요성을 강조한다. 즉, 육체적 훈련을 통해 '자신을 이기는 힘'을 기르는 것이야말로, 영웅이 되는 핵심 과정이라는 것이다. "육체의 단련은 곧 정신의 단련이다.", "영웅이란, 스스로를 단련하는 자다."

성공하는 사람들은 자신을 철저하게 단련한다.

그들은 쉬운 길을 찾지 않고, 오직 '강한 자'가 되기 위해 노력한다.

❖ 당신은 매일 자신을 단련하고 있는가?

❖ 당신은 '오늘은 쉬어도 괜찮아'라는 유혹을 이겨내고 있는가?

❖ 당신은 하루하루 성장하고 있는가?

만약 성공을 원한다면, 지금부터라도 '나를 단련하는 것'이 필요하다.

"오늘의 훈련이 내일의 영웅을 만든다."

"포기하지 않는 자만이 끝내 전설이 된다."

"당신은 지금, 스스로를 단련하고 있는가?"

04 | "정신의 수련, 한계를 넘어서"
(The Training of the Mind, Beyond Limits)

※ 　세 번째 단계는 '정신의 수련'이었다. 강한 마음을 가지기 위해 극한의 환경에서 명상을 하고, 두려움을 극복하는 법을 배웠다. 깊은 동굴 속에서 며칠을 보내거나, 눈보라 속에서 인내심을 시험받는 훈련이 이어졌다.

육체가 아무리 강해도, 마음이 무너지면 영웅이 될 수 없다. 강한 정신을 기르기 위해 우리는 극한의 환경에서 명상하고, 두려움을 극복하는 법을 배워야 했다. 깊은 동굴 속에서 며칠을 홀로 버티거나, 매서운 눈보라 속에서 인내심을 시험받는 훈련이 이어졌다.

나는 소년과 함께 깊은 산속 동굴로 향했다. 빛이 거의 들지 않는 어둠 속에서 우리는 며칠을 버티며 스스로를 마주해야 했다. 적막과 추위, 그리고 머릿속에서 들려오는 자신에 대한 두려움이 가장 큰 적이었다. 시간 감각이 사라진 공간에서 우리는 자신을 믿어야 했고, 스스로를 다잡아야 했다.

처음 이틀은 견딜 만했다. 어둠 속에서 침착하게 명상을 하며 호흡을 조절했다. 허기를 견디는 법도 익히고, 나약한 생각이 스며들 때마다 떨쳐내며 정신을 강하게 만들려 했다. 하지만 시간이 지나자, 소년의 얼굴에서 서서히 두려움이 번지기 시작했다. 소년의 숨소리가 점점 가빠졌고, 손끝이 불안하게 떨렸다.

"이건… 너무 힘들어요." 소년이 나지막이 말했다.

나는 대답할 수 없었다. 나 또한 같은 감정을 느끼고 있었기 때문이다.

이 수련은 모든 이가 겪는 시험과도 같았다. 인간은 본능적으로 빛과 온기 속에서 안정을 느끼는 존재다. 하지만 이곳은 그런 안식이 허락되지 않는 장소였다. 진정한 수련이 시작되는 시점이었다.

그러나 소년은 더 이상 버티지 못했다.

결국 그는 동굴을 빠져나가고 말았다.

나는 소년을 붙잡지 않았다. 스스로의 한계를 넘는 것은 강요할 수 있는 것이 아니었다.

그리고 나 역시 흔들리고 있었다.

소년이 떠난 동굴 속, 나는 고요 속에서 혼자가 되었다. 정적이 귀를 찢을 듯이 울렸다. 어둠이 나를 집어삼키는 듯했다. 처음에는 견딜 수 있었다. 하지만 시간이 흐를수록 내 안에서 무너지는 소리가 들려왔다.

"나도 나가고 싶다."

부정적인 생각이 머릿속을 가득 메우기 시작했다." 이 훈련이 진정한 의미가 있을까?", "이곳에 남아 있다고 해서 내가 강해질까?", "정말로 이 모든 것을 버티는 것이 옳은 걸까?"

나는 손끝을 꼼지락거리며 침착하려 애썼다. 하지만 점점 더 깊은 의심이 마음을 파고들었다. 온몸이 한기를 느끼며 긴장으로 굳어갔다. 어둠 속에서, 나는 알 수 있었다. 이건 단순한 신체적 고통이 아니라, 내 내면과의 싸움이라는 것을.

그 순간, 포기하고 싶다는 마음이 거대한 파도처럼 밀려왔다. 나는 동굴의 벽을 손으로 짚었다. 심장이 빨리 뛰었다. 이곳에서 나간다면 따뜻한 햇살이 나를 반겨줄 것이다. 그리고 평온한 일상으로 돌아갈 수도 있고, 따뜻한 음식도 먹을 수 있어. 그럼에도 나는 도망칠 수 없었다. 이 순간을 넘지 못한다면, 나는 영원히 내 한계에 갇히고 말 것이었다.

나는 깊이 숨을 들이마셨다.

그리고 마음속의 혼란과 마주했다.

두려움과 절망을 피하려 하지 않고 정면으로 바라보았다. 포기의 유혹이 다시 나를 덮치려 할 때마다, 나는 묵묵히 내 호흡에 집중했다. 스스로를 다잡았다. 흔들리지 않겠다고 다짐했다. 그리고 그 어둠 속에서, 나는 한 걸음 더 나아갔다.

며칠 후, 드디어 동굴 밖으로 나왔을 때, 나는 눈보라 속에 서 있는 소년을 보았다.

소년은 떨리는 목소리로 말했다. "나... 다시 해볼게요."

나는 소년을 바라보며 고개를 끄덕였다.

이미 한 번 포기했던 사람이 다시 도전하는 것은 처음부터 도전하는 것보다 더 어려운 법이다. 하지만 소년은 돌아왔다. 그것만으로도 소년은 이미 성장한 것이었다.

이번에는 내가 곁에서 도왔다.

소년이 어둠을 두려워하지 않도록, 침착하게 숨을 들이마시고 내쉬도록 지도했다. 포기했던 순간을 떠올리고, 다시 도전하는 의미를 되새기도록 했다. 소년은 점점 안정을 찾았고, 드디어 자신과 마주할 수 있는 순간이 왔다.

소년은 자신을 이겨냈다. 그리고 나 또한 나의 부정적인 마음과 싸워 이겨낸 것이다.

포기했던 기억은 이제 더 이상 실패의 흔적이 아니라, 다시 도전할 수 있었던 용기의 증거가 되었다.

그리고 그 순간, 우리는 깨달을 수 있었다. 정신의 수련이란 결국 "포기하지 않는 법을 배우는 과정"이라는 것을.

소년은 다시 강해졌고, 나 또한 이 수련을 통해 더 단단해졌다. 우리는 비로소 영웅으로서 한 걸음 더 나아가고 있었다.

요약

"인간이 가장 먼저 극복해야 할 적은 바로 자기 자신이다."

육체가 강해도, 정신이 약하면 영웅이 될 수 없다.

성공하는 사람과 그렇지 않은 사람의 차이는 "어떤 순간에도 흔들리지 않는 내면의 힘"에 있다. 이 이야기는 '정신의 단련'이야말로 진정한 강함의 근본임을 강조한다.

"정신을 단련하는 것은 인생을 단련하는 것이다."

"포기하지 않는 사람이 결국 승자가 된다."

❖ 당신은 어려운 순간에도 자신을 지켜낼 수 있는가?

❖ 당신은 두려움을 뛰어넘을 준비가 되어 있는가?

❖ 당신은 실패를 성장의 기회로 삼을 수 있는가?

만약 성공을 원한다면, 정신력을 단련하라.

"오늘의 인내가 내일의 승리를 만든다."

"포기하지 않는 자만이 끝내 전설이 된다."

"당신은 지금, 스스로의 정신을 단련하고 있는가?"

05 "지혜의 연마, 흐름을 깨닫다"
(The Refinement of Wisdom, Understanding the Flow)

※ 네 번째 단계는 '지혜의 연마'였다. 마을의 학자들과 함께 전략과 마법을 배웠다. 이 과정에서는 단순한 힘만이 아니라, 전술적 사고와 마법의 원리를 익히는 것이 중요했다.

육체와 정신이 단련되었지만, 그것만으로는 영웅이 될 수 없었다. "지혜의 연마"가 네 번째 시험이었다. 우리는 마을의 학자들과 함께 전략과 마법을 배우기 시작했다. 단순한 힘만으로는 이길 수 없는 싸움이 있다는 것을 깨닫는 과정이었다.

마을의 학자들은 각기 다른 학문을 연구하며, 우리가 강해지는 데 필요한 지식들을 전수해 주었다. 전쟁의 역사, 전술적 사고, 마법의 원리까지… 모든 것이 낯설고, 어려웠다.

소년은 처음엔 흥미로워 보였다. 그는 마법의 책을 펼치며 열심히 따라 적었다. 그러나 시간이 지날수록 그의 얼굴에는 점점 좌절이 서려갔다.

"이건 너무 어려워요… 저는 그냥 치유만 하는 것이 더 맞는 것 같아요."

나는 그 마음을 이해했다. 나 역시 머릿속이 복잡했다. 마법의 구조는 단순한 주문이 아니었다. 마법을 사용하려면 원리부터 이해해야 했고, 전략을 세우려면 방대한 전쟁사를 익혀야 했다. 머릿속에 가득 찬 이론들은 검을 휘두르는 것보다 훨씬 버거웠다.

어느 날, 소년은 한숨을 쉬며 책을 덮었다. "저는 이걸 할 수 없어요. 전 마법사가 아니에요."
그의 말에 순간 나 또한 흔들렸다. 솔직히 나도 포기하고 싶었다. 마법과 전략은 나와 맞지 않는 것처럼 느껴졌다. 검을 들고 싸우는 것이 더 익숙했다.
그러나 그때, 학자 중 한 명이 우리에게 말했다.

"무식한 힘은 오래가지 않는다. 적이 네 검을 피할 방법을 알고 있다면, 너는 이미 진 것이나 다름없다. 지혜 없는 영웅은 쉽게 무너진다."

그 말이 가슴 깊이 박혔다.
우리는 다시 마음을 다잡고 책을 펼쳤다. 소년과 나는 서로를 독려하며 지식을 익혀 나갔다. 그리고 어느 날, 처음으로 소년이 마법을 성공시켰다. 작은 불꽃이 소년의 손끝에서 피어났을 때, 소년은 눈을 반짝였다.

"저도… 할 수 있군요." 드디어 소년은 작은 성공을 느끼게 된 것이다.

그 순간, 소년은 자신이 한 발짝 성장했음을 실감했다. 나 또한 기뻤다. 소년이 이룬 성과를 보며, 나도 언젠가 성공할 거라고 믿었다.

그러나 내 차례가 되었을 때, 나는 여전히 마법을 성공하지 못했다. 아무리 주문을 외우고, 마법의 흐름을 따라가려 해도 내 손끝에는 아무런 반응이 없었다.

처음에는 단순한 실수일 거라 생각했다. 그러나 며칠이 지나도 아무런 진전이 없었다. 주문을 수십 번 외워도, 원소의 흐름을 이해하려 해도 마법은 나의 것이 되어주지 않았다.

소년은 걱정스러운 눈빛으로 나를 바라보았다. "왜 아직 안 되는 걸까요?"

나도 알고 싶었다. 왜 나는 할 수 없는 걸까?

의문과 초조함이 쌓여갔다. 나는 소년보다 더 많은 책을 읽고, 더 많이 연습했는데도 성과가 없었다. 마치 보이지 않는 벽이 나를 가로막고 있는 듯했다.

나는 점점 좌절했다. "혹시 나는 마법을 쓸 수 없는 사람이 아닐까?" 하는 생각이 스며들기 시작했다. "노력한다고 해서 모든 걸 할 수 있는 건 아니잖아…"

그날 밤, 나는 책을 덮고 한숨을 쉬었다. 이대로 포기해야 할까?

그때, 나를 지켜보던 한 학자가 조용히 다가왔다. 그는 내 책상을 바라보더니 말했다.

"너는 단순히 지식을 쌓으려 할 뿐, 마법을 "이해"하지 못하고 있기 때문이다."

나는 그의 말을 이해하지 못했다. "전 마법의 원리를 다 공부했고, 책도 여러 번 읽었습니다. 주문도 정확하게 외웠어요. 그런데 왜 안 되는 거죠?"

학자는 미소를 지으며 내 앞에 촛불을 하나 가져왔다.

"이 불꽃을 바라봐라. 그리고 불이 어떻게 타오르는지 생각해 보거라."

나는 불꽃을 응시했다. 흔들리며 타오르는 불빛, 작지만 강렬한 에너지였다. 학자는 계속해서 말했다.

"너는 불꽃을 만들려 하면서도, 불꽃을 "느끼려" 하지 않아. 마법은 단순한 이론이 아니라, 자연과의 조화야. 주문은 단순한 암기가 아니라, 자연의 힘을 불러들이는 것이지."

그제야 나는 깨달았다. 나는 마법을 "배우려" 했을 뿐, 진정으로 "이해하려" 하지 않았다. 마법은 이론이 아니라 흐름이었고, 외우는 것이 아니라 느끼는 것이었다.

학자는 다시 물었다. "너는 왜 검술을 잘할 수 있지?"

"…그건 몸이 기억하고, 흐름을 이해했기 때문이죠."

"마법도 마찬가지다. 네가 검을 휘두를 때처럼, 마법의 흐름을 몸으로 이해해야 한다."

나는 조용히 촛불을 바라보았다. 그리고 처음으로 주문을 외우기 전에, 그 불꽃을 "이해하려" 했다. 불꽃이 무엇을 원하고, 어떻게 살아 움직이는지 상상했다. 그 불꽃이 내 안에도 깃들 수 있도록, 자연과 하나가 되는 느낌을 떠올렸다.

그리고 다시 손을 뻗었다.

그 순간, 내 손끝에서 아주 작은 불꽃이 피어났다.

나는 놀라서 손을 들여다보았다. 소년은 눈을 크게 뜨며 환호성을 질렀다.

"성공했어요!"

학자는 고개를 끄덕이며 말했다. "너는 지식을 쌓는 데 집중했지만, 중요한 것은 감각이었다. 마법은 논리가 아니라 흐름이다. 그것을 깨닫고 나니, 드디어 성공한 거지. 세상의 모든 성공은 흐름이 조화롭게 흘러야 한다. 명심해야 한다."

나는 조용히 불꽃을 바라보았다.

그제야 알았다. 마법은 단순한 기술이 아니었다. 그것은 세상과 소통하는 하나의 방식이었다. 그리고 나는 처음으로 마법과 하나가 된 기분을 느꼈다.

그날 밤, 나는 하늘을 올려다보며 생각했다. "이제야… 진정한 지혜를 얻었다."

포기의 순간을 넘어, 우리는 "지혜"를 손에 넣고 있었다.

요약

"지혜 없는 힘은 모래 위의 성과 같다."

진정한 성공은 단순한 노력과 힘만으로 이루어지지 않는다.

올바른 방향의 배움, 사고력, 그리고 '흐름'을 이해하는 것이 필요하다.

이 이야기는 "지식은 쌓는 것이 아니라, 활용하는 것이다."라는 메시지를 전달한다.

"지혜로운 사람은 '배우는 것'과 '이해하는 것'의 차이를 안다."

"단순한 힘이 아니라, 흐름을 읽는 자가 승리한다."

❖ 당신은 그냥 정보를 쌓고만 있지는 않은가?

❖ 당신은 실제로 배운 것을 적용하고 있는가?

❖ 당신은 흐름을 읽고 있는가?

만약 성공을 원한다면, 단순한 암기가 아니라, '이해'하고 '활용'하라.

"지혜를 가진 자가 결국 세상을 움직인다."

"흐름을 깨닫는 자가 시대를 앞서간다."

"당신은 지금, 배움의 진짜 의미를 이해하고 있는가?"

06 "협력과 신뢰-함께해야 영웅이 된다"
(Cooperation and Trust – A Hero is Never Alone)

※ 다섯 번째 단계는 '협력과 신뢰'였다. 영웅은 혼자가 아니라, 동료와 함께하는 존재다. 우리는 여러 도전 과제를 수행하며 서로를 믿고 협력하는 법을 배웠다.

영웅의 길에는 모든 것이 처음에는 혼자로 시작된다.
강해지기 위해서는 자신의 길을 가야 했고, 때때로 사람들은 그 길을 비웃거나 비난했다.
"너 같은 게 영웅이 되겠다고?", "헛된 꿈이다.", "강한 자들은 태어날 때부터 다르다."
수많은 부정적인 말들이 나와 소년을 둘러쌌다.
처음엔 그 마을 주민들의 말이 날카로운 칼처럼 마음을 베었다.
그들은 우리의 부족함을 끊임없이 지적했고, 우리가 실패할 것이라고 말했다.
하지만 우리는 그들의 말에 귀 기울이지 않았다. 우리는 앞으로 나아가야 했다. 남들이 뭐라고 하든, 이 길을 선택한 것은 우리 자신이었다.

이제 우리는 다섯 번째 시험, "협력과 신뢰"를 마주하고 있었다.
과거의 우리는 서로 혼자서 버티고, 혼자서 싸우려 했다. 하지만 이제는 달랐다. 영웅은 혼자 모든 것을 감당할 수 있는 존재가 아니다. 동료를 믿고 함께 나아가야만 했다.

이 시험에서 우리는 공동 탈출 미션을 수행해야 했다.

거대한 미궁 속에서 우리는 서로 협력해야만 빠져나갈 수 있었다.

하지만 예상치 못한 문제가 발생했다.

미궁은 단순한 미로가 아니었다.

곳곳에 함정이 도사리고 있었고, 시간이 지나면서 벽이 움직이며 길을 바꾸고 있었다. 잘못된 선택을 하면 더 깊은 곳으로 떨어질 수도 있었다.

우리는 긴장 속에서 함께 길을 찾아 나섰다.

그때, 어느 순간 벽이 갑자기 내려오면서 소년과 내가 갈라졌다.

소년은 반대편에 고립되었고, 나는 소년을 볼 수도 없었다.

　"어떻게 해야 하죠?"

소년의 목소리가 들려왔다. 소년은 두려움에 떨고 있었다.

나도 순간적으로 당황했다. 내 앞에는 수많은 갈림길이 있었고, 어느 길이 소년에게 닿을 수 있는 길인지 알 수 없었다.

그리고 그때, 오래전 들었던 비난과 부정적인 말들이 다시 떠올랐다.

"너 같은 게 영웅이 될 수 있을 것 같아?"

그 목소리가 다시 머릿속을 파고들었다. 실수를 하면 소년을 잃을 수도 있었다. 나 혼자였다면 그저 내 길을 찾으면 되었지만, 이제는 소년도 지켜야 했다. 혼자가 아닌 길을 걷고 있다는 것, 그것이 내게 새로운 무게로 다가왔다.

하지만 나는 고개를 저으며 그 목소리를 지워버렸다.

"내가 믿어야 할 것은 내 판단과 소년이다. 남들이 뭐라고 하든, 우리는 함께 이곳을 빠져나갈 것이다."

나는 소년에게 외쳤다. "포기하지 마라. 우리가 처음부터 여기까지 온 이유를 기억해야 해."

소년은 숨을 가다듬었다. 나는 천천히 벽을 두드리며 방향을 찾아 나갔다. 그리고 소년에게 말했다.

"내가 왔던 길을 떠올려봐. 그리고 네가 본 것과 비교해라. 우리에게 어떤 길이 남아 있을지 생각해 보자."

소년은 잠시 고민하더니 조용히 말했다. "벽이 움직이고 있었어요… 그러니까 길이 막힌 게 아니라, 움직이면서 새로운 길이 생길 수도 있죠."

나는 미소를 지었다. "맞아! 잘 생각했어!"

그 순간, 나는 우리가 함께 노력한 "지혜의 연마"에서 배운 것을 떠올렸다. 전략적으로 생각하고, 문제를 해결하는 법. 단순한 힘이 아니라 지식을 활용해야 할 때였다.

소년이 반대편에서 길을 탐색하는 동안, 나는 내 길을 분석했다. 그리고 마침내, 우리는 한 곳에서 다시 만날 수 있었다.

서로의 얼굴을 확인한 순간, 우리는 안도하며 웃음을 지었다.

그때, 학자가 우리 앞에 모습을 드러냈다.

"같은 뜻을 가진 사람들은 결국 만나게 되어 있지."

학자는 흐뭇한 미소를 지으며 말했다.

나는 그의 말을 곱씹었다. "같은 뜻을 가진 사람들은 결국 만나게 된다…"

소년과 나는 처음에는 혼자서 길을 걸어왔다. 우리는 사람들의 비난을 견디며, 혼자 버티는 법을 배웠다. 하지만 결국, 우리는 함께 이곳에 있었다. 운명이 아니라, 서로를 믿고 같은 길을 걸어왔기 때문에.

학자는 우리의 표정을 보며 덧붙였다.

"너희가 혼자라면 이 미궁을 절대 빠져나오지 못했을 것이다. 하지만 서로를 믿었기 때문에 길을 찾을 수 있었다. 이것이 바로 신뢰의 힘이다."

소년이 조용히 말했다. "저도 이제야 알겠어요… 우리가 함께였기 때문에, 제가 할 수 있었던 거예요."

나는 고개를 끄덕였다. "나도 마찬가지다. 혼자였다면, 난 이 시험을 통과하지 못했을 거야."

학자는 우리를 바라보며 말했다.

"협력이란 단순히 힘을 합치는 것이 아니다. 서로를 신뢰하고, 상대를 이해하는 것이다. 믿음이 없다면 아무리 강한 동료가 있어도 무너질 것이다."

나는 조용히 학자의 말을 되새겼다.

지금까지 우리는 힘을 키우고, 지혜를 익히고, 고난을 견뎌왔다. 하지만 그 모든 것은 "혼자" 하는 일이었다.

이제 우리는 새로운 것을 배웠다. "진정한 영웅의 길은 동료와 함께하는 것"이라는 것을.

더 큰 협력의 길로.

학자는 우리를 새로운 시험으로 이끌었다.

그는 말했다. "이제 너희는 협력의 첫걸음을 배웠다. 하지만 더 중요한 것은 함께 싸우는 법이다."

우리는 새로운 도전 과제를 수행하며 서로를 믿고 협력하는 법을 배워 나갔다. 단순한 힘이 아니라, 서로의 약점을 보완하는 법, 상대를 보호하는 법, 함께 계획을 세우는 법.

그리고 그 과정에서 우리는 더욱 강해졌다.

혼자가 아닌 길. 그것이야말로 진정한 영웅이 가야 할 길이었다.

요약

"혼자서는 빨리 갈 수 있지만, 함께 가야 더 멀리 갈 수 있다."

"진정한 영웅은 혼자가 아니라 동료와 함께하는 존재다."

영웅이란 강한 개인이 아니라, 강한 팀을 만드는 사람이다.

성공한 사람들은 '혼자 모든 것을 하려 하지 않고' 반드시 신뢰할 수 있는 동료들과 협력한다.

이 이야기는 "성공의 길에서 협력과 신뢰가 필수적임을" 보여준다.

누군가와 함께한다는 것은 단순한 '도움'이 아니라, '책임'과 '신뢰'를 의미한다.

"강한 개인이 아니라, 강한 팀이 되어라."

"신뢰할 수 있는 사람과 함께하라."

"부정적인 말에 흔들리지 말고, 스스로를 믿어라." 성공은 혼자 하는 것이 아니다.

당신이 믿을 수 있는 사람을 찾고, 함께 성장해야 한다. 협력과 신뢰가 없으면, 어떤 성공도 오래가지 않는다. "혼자 빨리 가는 것이 아니라, 함께 멀리 가라!"

07 | "영웅의 시험-진정한 영웅이란 무엇인가"
(The Hero's Trial – What It Truly Means to Be a Hero)

마지막 단계는 '영웅의 시험'이었다. 모든 과정을 마친 자들은 실전과 같은 모험을 떠나며 자신이 배운 모든 것을 증명해야 했다. 위험이 도사리는 곳에서 생존하고, 사람들을 지키며 자신이 영웅으로서의 자격이 있는지를 시험받았다.

모든 훈련이 끝나고, 마지막 단계에 도달했다.

이제 더 이상 연습이 아니었다. 우리가 배운 모든 것을 증명해야 하는 순간이 왔다.

이름도 없는 깊은 숲, 그곳에는 괴물의 위험이 도사리고 있었다. 마을을 위협하는 존재들을 물리치고, 사람들을 지키며 생존해야 했다. 단순한 힘만이 아니라 지혜와 협력, 신뢰, 그리고 무엇보다 영웅으로서의 마음가짐을 시험받는 순간이었다.

우리는 한밤중에 첫날 우리를 인도했던 영웅과 함께 숲의 가장자리에 도착했다. 하늘에는 달빛이 희미하게 떠 있었지만, 숲속은 어둠이 짙게 깔려 있었다. 바람이 불어오는 방향에서 기이한 소리가 들려왔다.

그때 영웅이 말했다.

"지금부터는 실전이다. 나는 너희들을 도와 줄 수 없어. 마지막 시련을 이겨낼 때쯤, 그때 알아서 내가 너희들 앞에 나타나게 되겠지, 절대 포기하지 말고 이겨내라." 영웅이 우리를 보며 단호한 표정으로 말했다.

나는 검을 단단히 쥐었다. 소년도 손끝에 작은 불꽃을 피워 길을 밝혔다.

우리의 임무는 마을 근처에 나타난 괴물들을 몰아내고, 그들을 막아내는 것.

그러나 그것이 단순한 싸움이 아님을 우리는 곧 깨닫게 되었다.

숲은 예상보다 훨씬 거대하고 위험했다.

우리는 한 발 한 발 조심스럽게 걸었다. 길이 없는 숲에서 발걸음을 내디딜 때마다 마른 나뭇가지가 부러지는 소리가 들렸다.

그 순간, 바람을 타고 저 멀리서 날카로운 울음소리가 들려왔다.

"이건… 괴물의 소리인가요?" 소년이 긴장된 목소리로 물었다.

나는 고개를 저었다. 단순한 괴물이 아니었다. 그것은 더 크고, 더 사악한 존재였다.

그 순간, 거대한 그림자가 우리 앞을 막아섰다.

붉은 눈을 번뜩이는 거대한 괴물.

예전 마을에서 보던 괴물보다 훨씬 크고, 턱에서 날카로운 송곳니가 번뜩였다. 짙은 어둠 속에서도 그것의 기운은 압도적이었다. 나는 검을 빼들었다. "소년, 준비해!"

그러나 그 순간, 괴물은 순식간에 뛰어올라 우리를 덮치려 했다. 소년이 불꽃을 쏘아 올렸지만, 괴물은 빠르게 움직이며 공격을 피했다. 나는 간신히 검을 휘둘러 괴물의 발톱을 막아냈다. 하지만 충격이 너무 강해 뒤로 밀려났다.

우리는 이길 수 있을까?

그 순간, 처음으로 두려움이 밀려왔다. 우리가 괴물을 상대할 준비가 되어 있는 것인지 확신이 서지 않았다.

그러나 물러날 수 없었다. 이 싸움에서 진다면, 영웅이 될 수 없고, 마을을 지키지도 못한다.

나는 정신을 가다듬고 소년에게 외쳤다. "우리는 협력해야 해! 너는 마법으로 내 공격을 보조해!"

소년은 고개를 끄덕였다. 그리고 우리는 전략을 바꿨다.

나는 괴물의 주의를 끌며 공격을 피했고, 소년은 그 틈을 이용해 불꽃을 던졌다. 불꽃이 괴물의 털에 닿으며 짧은 비명이 들렸다.

그 순간, 나는 검을 깊이 휘둘렀다. 검이 빛을 발하며 괴물의 가슴을 가르자, 마침내 거대한 괴물은 쓰러졌다.

우리는 겨우 첫 번째 싸움을 이겨냈다.

거대한 괴물을 쓰러뜨리고, 우리는 영웅이 말해준 마을로 향했다.
그러나 마을에 도착했을 때, 이미 늦었다는 것을 알았다.
하늘에는 연기가 자욱하게 떠올라 있었고, 불길이 거센 바람을 타고 마을을 집어삼키고 있었다.

거대한 괴물들이 불타는 건물 사이를 뛰어다니며 사람들을 위협하고 있었다. 마을 사람들은 비명을 지르며 도망치고 있었고, 일부는 쓰러진 채 움직이지 않았다.

나는 단숨에 검을 들고 뛰어들려 했다. 그러나 그 순간, 학자의 말이 떠올랐다.

> "영웅은 힘으로 모든 걸 해결하려 하는 자가 아니다. 진정한 영웅은 선택할 줄 알아야 한다."

눈앞에 펼쳐진 혼란 속에서 무작정 싸우는 것은 해결책이 아니었다. 괴물의 숫자는 많았고, 무턱대고 맞선다면 오히려 마을 사람들을 더 위험에 빠뜨릴 수도 있었다.
나는 빠르게 상황을 분석했다. 그리고 소년에게 외쳤다.

> "우린 힘을 나눠야 한다! 너는 사람들을 대피시키고 치유해! 나는 괴물들을 막겠다!"

소년은 주저했지만, 곧 결연한 표정으로 고개를 끄덕였다. "알겠습니다!"

나는 검을 들고 앞장섰다.

괴물들은 이성을 잃은 듯 날뛰고 있었다. 거대한 덩치의 괴물들이 사납게 포효하며 건물과 마차를 부수고, 뿔이 달린 괴물들이 벽을 짓밟으며 돌진하고 있었다.

나는 검을 단단히 쥐고 괴물들 사이로 뛰어들었다. 첫 번째 괴물이 날카로운 발톱을 휘둘렀다. 나는 재빨리 몸을 숙이며 반격을 가했다. 검이 괴물의 옆구리를 깊게 베었다. 하지만 녀석은 그걸로 쓰러지지 않았다.

"이것은 실전이다…"

나는 숨을 고르며 자세를 잡았다. 괴물은 힘이 셌지만, 분명 약점이 있을 것이다.

소년은 마을 한가운데서 마법을 사용해 불길을 막고, 아이들과 노약자를 대피시키며 치유하고 있었다.

"이쪽으로 오세요! 빨리요!"

소년은 두려워하는 사람들을 향해 소리쳤고, 한 손을 뻗어 마법의 방어막을 만들어냈다. 불길이 방어막에 부딪혀 사라졌다. 마을 사람들은 소년을 따라 대피하기 시작했다.

그러나 괴물들이 그것을 가만히 두고 보지 않았다.

"소년! 네 쪽으로 간다!"

내가 외치는 순간, 날개 달린 거대한 그림자가 하늘을 가로질렀다.

"날개 달린 괴물… 저런 괴물은 처음 보는데?"

우리가 지금까지 본 괴물과는 차원이 달랐다. 그것은 검은색의 거대한 날개 달린 괴물이었다. 괴물의 머리와 사자의 몸을 가진 무시무시한 괴물이 마을을 내려다보고 있었다.

소년도 그것을 보았다. 소년은 단숨에 주문을 외웠다.

"불꽃이여, 나의 힘을 도와라!"

소년의 손끝에서 불꽃이 튀어 오르며 창처럼 날아갔다. 하지만 날개 달린 괴물은 빠른 움직임으로 피했다.

이건 단순한 싸움이 아니다. 우리는 단순히 싸워서 이길 수 없다.

나는 순간 모든 상황을 정리했다. "전술을 활용해야 해."

"소년! 괴물들은 마을을 혼란에 빠뜨리려 하고 있어. 우리가 그들을 통제할 수 있다면, 흐름을 바꿀 수 있어!"

나는 소년의 눈을 바라보며 말했다.

"네가 불꽃으로 유인해! 나는 약점을 찾아 공격하겠다."

소년은 긴장했지만, 곧 단호하게 고개를 끄덕였다.

불꽃이 타올랐다.

소년이 불길을 휘몰아치자, 날개 달린 괴물이 그것을 피해 날아올랐다. 나는 그 움직임을 읽고 순식간에 날개 달린 괴물이 내려앉는 지점을 예상했다. 그리고 그 순간, 검을 높이 들어 녀석의 다리를 깊이 베었다.

날개 달린 괴물이 비명을 지르며 공중에서 몸을 비틀었고, 우리는 그 틈을 타 결정적인 일격을 가했다.

소년이 마지막 주문을 외우며 말했다.

"이제 끝이다!"

거대한 불꽃이 날개 달린 괴물의 가슴을 강타했다.

날개 달린 괴물은 마지막 울음을 내지르며 땅으로 떨어졌다.

날개 달린 괴물이 쓰러지는 순간, 마을과 주민들은 갑자기 신기루처럼 사라졌다.

나는 눈을 크게 떴다.

소년도 당황한 얼굴로 주위를 둘러보았다. 불길도, 쓰러진 사람들도, 부서진 집들도 모두 사라지고 있었다.

그 순간, 누군가의 발소리가 들렸다.

우리는 동시에 고개를 돌렸다.

요약

주인공과 소년은 괴물을 쓰러뜨리고, 마을을 지켰다. 하지만 그 순간, 마을이 사라지고 모든 것이 신기루처럼 사라졌다. "진정한 영웅의 시험은 '외부적인 승리'가 아니라, '내면의 성장'이다."
괴물을 무찌르는 것이 영웅의 목표가 아니다. '영웅으로서의 자질'을 증명하는 것이 핵심이다. 싸움에서 이겼다고 해서 영웅이 되는 것이 아니다. '두려움을 극복하고, 동료를 지키고, 올바른 결정을 내릴 수 있는가'가 중요하다. 마지막 시험이 끝났을 때, 주인공은 깨달았다. '영웅이란, 단순한 싸움꾼이 아니라 세상을 바꾸는 존재다.' "영웅이란, 남을 지킬 수 있는 자이다.", "진정한 영웅은 힘이 아니라, 마음과 신념에서 나온다.", "우리는 모두 자기 인생의 영웅이 될 수 있다."
"진정한 영웅은 특별한 사람이 아니다. 그는 단지 두려움을 이겨내고, 끝까지 나아가는 사람이다."

❖ 자신의 한계를 뛰어넘을 것
❖ 실전에서 배운 것을 증명할 것
❖ 두려움을 이겨내고 끝까지 나아갈 것

❖ 혼자가 아니라, 팀과 함께할 것

❖ 전략적으로 판단하고 행동할 것

"당신도 당신의 삶에서 영웅이 될 수 있다!"

"포기하지 말고 끝까지 나아가라. 그리고 당신이 믿는 가치를 지켜라!"

08 "영웅의 탄생"
(The Birth of Heroes)

※ 한 명의 처음 보는 영웅이 우리 앞에 서 있었다.

그는 빛나는 갑옷을 입고 있었으며, 등 뒤로는 거대한 망토가 휘날리고 있었다. 그의 얼굴은 온화했지만, 눈빛 속에는 깊은 지혜가 깃들어 있었다.

그는 우리를 바라보며 미소 지었다.

"축하한다. 너희는 마지막 시험을 통과했다."

나는 믿기지 않는다는 듯 물었다.

"시험… 이었나요?"

그는 고개를 끄덕였다.

"이 마을도, 괴물도 모두 시험이었다. 하지만 그것이 가짜였다고 해서 너희의 싸움이 헛된 것은 아니다."

그는 천천히 걸어와 우리 앞에 섰다.

"너희는 단순한 힘으로 이기려 하지 않았다. 상황을 분석했고, 협력했으며, 마을을 구하기 위해 무엇이 가장 중요한지를 선택했다. 그리고 두려움에 굴하지 않았다. 그것이 진정한 영웅의 자질이다."

소년이 조용히 속삭였다. "우리가… 해낸 건가요?"

나는 천천히 고개를 끄덕였다.

영웅은 한 발 더 다가오더니, 우리의 어깨에 손을 얹었다.

"너희는 이제 진정한 영웅이다."

순간, 밝은 빛이 우리를 감쌌다.

나는 하늘을 올려다보았다.

마치 새로운 길이 우리 앞에 펼쳐지고 있는 듯했다.

그리고 그 순간, 강렬한 빛이 우리를 감쌌다.

마치 하늘이 갈라지는 듯한 빛이 눈앞을 가득 채우며, 모든 것이 빠르게 변해갔다.

그리고 순간 이동하듯, 우리는 한순간에 다른 장소로 이동해 있었다.

우리는 영웅의 마을, 우리가 처음 훈련을 시작했던 곳으로 돌아왔다.

거리는 수많은 사람들로 가득 차 있었고, 양옆으로는 화려한 깃발들이 펄럭였다. 마을 입구에는 금색과 은색으로 장식된 아치형 문이 서 있었고, 거리를 따라선 사람들은 환호성을 지르며 우리를 반겼다.

"영웅이 돌아왔다!"

"그들이 시험을 통과했다!"

수백 명의 목소리가 마을을 뒤흔들었다.

소년은 어리둥절한 표정으로 나를 바라보았다. "우리가… 이렇게 환영받는다고요?"

나 역시 마찬가지였다.

그러나 그것은 현실이었다.

수많은 사람들의 박수 소리가 하늘을 울리고, 우리를 향한 꽃잎이 흩날렸다. 하늘에는 마법으로 만들어진 황금빛 불꽃이 터졌고, 마을 한가운데로 이어진 길에는 붉은 융단이 깔려 있었다.

우리는 진정한 영웅이 되어 이곳으로 돌아온 것이었다.

마을 한가운데로 걸어가는 동안, 많은 사람들이 우리를 향해 손을 흔들고 있었다. 나도 이제야 감격의 눈물을 흘렸다.

어린아이들은 눈을 반짝이며 우리를 바라보았고, 나이 든 어른들은 경외로운 표정으로 고개를 숙였다.

우리는 천천히 걸었다.

우리를 가르쳤던 학자들, 전술을 가르쳐 준 노련한 전사들, 마법의 원리를 전수해 준 마법사들이 길가에 서서 미소를 지었다.

한 명, 한 명…

그들의 얼굴에는 자부심과 기쁨이 서려 있었다.
그들뿐만이 아니었다.

우리와 함께 수련했던 동료들, 이전 시험에서 포기했지만, 다시 시도하는 자들, 아직도 수련 중인 이들이 모두 이 행렬을 지켜보고 있었다.

소년이 조용히 속삭였다. "우리가… 진짜 해낸 거군요."
나는 고개를 끄덕였다. "그래, 우리는 해냈어."
그러나 그것으로 끝이 아니었다.

우리는 곧 마을 한가운데의 광장에 도착했다.
그곳에는 장엄한 단상이 세워져 있었고, 그 위에는 영웅들의 왕이 서 있었다.
그는 오랜 세월 동안 수많은 전설적인 전투를 승리로 이끈 자였고, 모든 영웅의 본보기였다.
그는 은빛 갑옷을 입고 있었으며, 그의 눈빛은 따뜻하면서도 날카로웠다.
우리가 단상 앞에 서자, 그는 천천히 걸어와 우리를 바라보았다.

순간, 광장에 정적이 흘렀다.

모두가 숨을 죽이고 있었다.

영웅의 왕은 우리를 바라보며 미소를 지었다.

"너희는 모든 시련을 견뎌냈다."

그의 목소리는 광장 전체에 울려 퍼졌다.

"너희는 강한 힘을 가졌고, 포기하지 않는 마음을 지녔고, 깊은 지혜를 익혔으며, 서로를 믿는 법을 배웠다. 그리고 마지막으로, 희생과 용기를 통해 사람들을 지켜냈다."

그는 우리를 향해 손을 뻗었다.

"그러므로 너희는 이제 진정한 영웅이다."

그 순간, 두 개의 황금빛 휘장이 하늘에서 내려왔.

한 개는 나에게, 또 한 개는 소년에게 향했다.

나는 휘장을 받으며 그것을 올려다보았다. 휘장에는 "진정한 영웅"이라는 문구가 새겨져 있었다.

그리고 그 순간, 광장은 환호성으로 뒤덮였다.

"영웅이 탄생했다!"

사람들은 기뻐하며 환호했고, 꽃들이 다시 한번 하늘에서 흩날렸다.

소년은 감격한 듯 휘장을 손끝으로 쓸어내리며 중얼거렸다. "정말… 정말 영웅이 된 거군요."
나는 조용히 그를 바라보았다.
"그래, 우리 이름은 이제 역사에 남을 거야."

축제가 끝난 후, 우리는 왕과 학자들과 함께 연회에 참석했다.
그 자리에서 우리는 앞으로의 길에 대해 들었다.
"영웅이 된다는 것은 끝이 아니다. 그것은 시작이다." 왕은 우리에게 말했다. "이제 너희는 이 마을을 지킬 준비가 되어 있다. 앞으로도 수많은 시련이 너희를 기다리고 있을 것이다. 하지만 너희라면, 그 모든 것을 이겨낼 것이다."
나는 고개를 끄덕였다.
소년과 나는 서로를 바라보았다.
우리는 이제 진정한 영웅이 되었다.
그러나 이 길은 이제 시작이었다.
우리가 가야 할 길, 우리가 지켜야 할 마을, 그리고 앞으로 만나게 될 더 강력한 괴물.
우리는 이제 진짜 영웅의 여정을 떠나야 했다.
그러나 한 가지는 확실했다.

우리는 혼자가 아니었다.

우리는 서로를 믿었고, 앞으로도 함께할 것이었다.

축제가 끝나고, 밤하늘에 마지막 불꽃이 터진 뒤 마을은 다시 조용해졌다.

그렇게 우리는 영웅으로서의 첫날을 마무리하고, 숙소로 돌아와 깊은 잠에 빠졌다.

요약

주인공과 소년은 영웅으로 인정받았지만, 왕은 그들에게 말한다. '이제부터 진짜 시험이 시작된다.' 그들은 이제 영웅으로서 더 강한 적을 만나고, 더 많은 사람들을 지켜야 한다.

"인생에서 가장 위험한 순간은 성공한 순간이다. 성공에 도취되어 멈추는 순간, 실패가 시작된다."

"성공한 후에도 성장하는 사람이 진정한 영웅이다."

우리는 모두 삶 속에서 저마다의 시련을 겪는다. 때로는 포기하고 싶고, 때로는 자신이 충분하지 않다고 느낄 때도 있다. 하지만 영웅이란 특별한 능력을 타고난 사람이 아니라, 자신의 한계를 넘어서고 두려움을 극복하는 사람이다.

영웅마을의 시험을 통과한 주인공과 소년은 마침내 '진정한 영웅'으로 인정받았다. 그러나 그들이 깨달은 것은 영웅이 되는 것이 끝이 아니라 새로운 시작이라는 사실이었다.

영웅의 길은 멈추는 순간 끝이 난다. 그러나 계속해서 앞으로 나아가는 한, 우리는 언제든 영웅이 될 수 있다. 진정한 영웅은 누구인가?

❖ 자신의 한계를 인정하고, 그것을 극복하려 노력하는 자

❖ 단순한 힘이 아니라, 지혜와 용기를 갖춘 자

❖ 자신을 위한 성공이 아니라, 함께하는 사람들을 위해 나아가는 자

마을 사람들은 영웅을 환호하지만, 영웅의 진정한 역할은 축하를 받는 것이 아니라, 세상을 위해 다시 길을 떠나는 것이다.

우리도 각자의 삶에서 또 다른 도전을 마주하게 될 것이다.

우리는 그 도전 앞에서 어떤 선택을 할 것인가? 도망칠 것인가, 맞설 것인가?

영웅의 길은 끝나지 않는다.

이제 당신의 여정이 시작될 차례다.

09 "선택의 순간, 진정한 영웅의 길"
(The Moment of Choice, The True Path of a Hero)

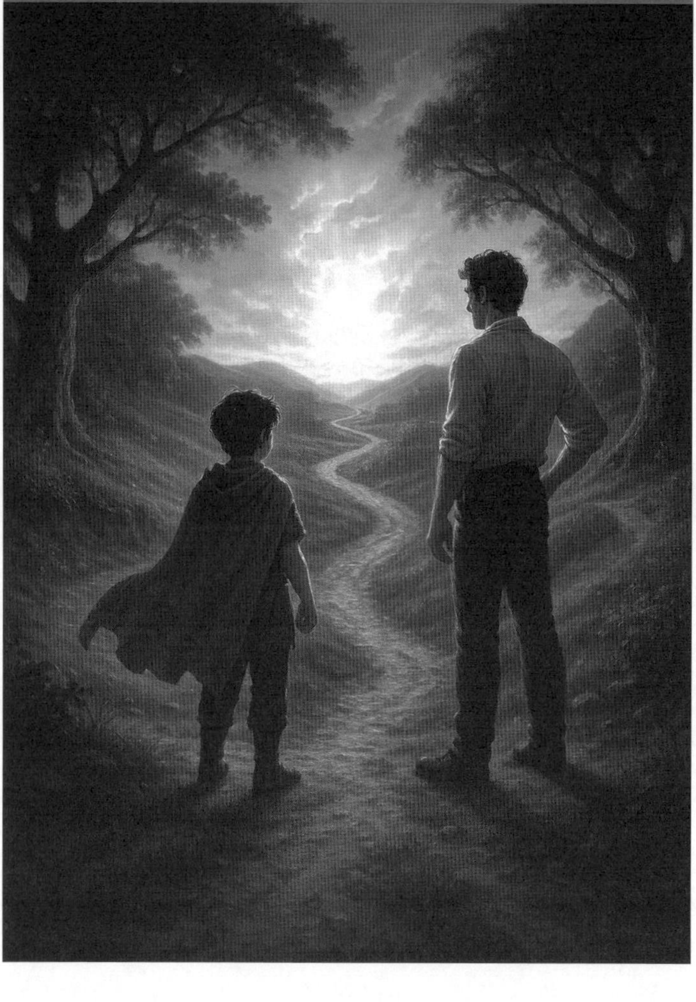

 다음 날 아침, 따스한 햇살이 창문을 비추었다.

나는 천천히 눈을 뜨고, 어제의 모든 일이 꿈이 아니었음을 실감했다.

침대에 걸쳐둔 황금빛 휘장, 가슴을 장식한 영웅의 문장(紋章).

나는 그것을 조용히 바라보았다.

그때, 누군가 문을 똑똑 두드렸다.

"영웅들이여, 깨어나셨습니까?"

나는 자리에서 일어나 문을 열었다.

문 앞에는 우리에게 지혜를 가르쳐 주었던 학자가 서 있었다.

그는 여전히 단정한 복장을 하고 있었고, 손에는 두루마리를 들고 있었다. 그러나 오늘은 다른 날과는 다르게 아주 정중한 태도로 우리를 대했다.

그는 고개를 숙이며 말했다.

"영웅님들, 축하드립니다."

나는 순간 당황했다.

그는 늘 우리를 수련생으로 바라봤다. 그런데 이제는 "영웅님!"이라고 부르고 있었다.

그것이 우리가 가진 새로운 위치였다.

소년도 잠에서 깨어났고, 학자의 말에 눈을 동그랗게 떴다.

학자는 우리의 반응을 보고 미소를 지었다.

"이제부터는 여러분을 정식으로 "영웅!"이라 부를 것입니다. 그동안의 노력과 시험을 통해, 여러분은 스스로의 자격을 증명해 보였으니까요."

나는 조용히 고개를 끄덕였다.

그러자 학자는 다시 입을 열었다.

"이제, 중요한 질문을 드리겠습니다."

그는 손에 들고 있던 두루마리를 펼쳤다.

그 위에는 영웅의 이름이 새겨진 증서가 적혀 있었다.

그 아래에는 단 두 개의 선택지가 적혀 있었다.

마을에 남을 것인가, 새로운 길을 떠날 것인가.

학자는 차분하게 설명했다.

"여러분은 이제 영웅으로서 이 마을에서 머무를 수도 있고, 또는 새로운 길을 떠날 수도 있습니다."

나는 순간 숨을 들이마셨다.

"마을에 남으면 어떻게 되는 거죠?"라고 내가 물었다.

학자는 대답했다.

"이곳에서 계속 영웅으로 머무른다면, 이 마을을 지키며 후배들을 지도하게 됩니다. 새로운 영웅을 키워내는 역할을 맡게 되는 것이지요. 훈련생들을 가르치고, 마을이 위험할 때 힘을 보태게 될 것입니다."

나는 조용히 생각했다.

마을은 평온하고 안전한 곳이었다. 지금까지 우리가 수련해 온 장소였고, 많은 동료와 정든 사람들이 있는 곳이었다. 이곳에서 새로운 영웅들을 키우며 살아가는 것도 나쁘지 않을 터였다.

그러나 학자는 곧 다른 선택지를 말했다.

"또한 여러분은 이곳을 떠나 새로운 모험을 시작할 수도 있습니다."

소년이 눈을 반짝이며 물었다.

"새로운 모험이라면… 어떤 길이 기다리고 있죠?"

학자는 미소를 지으며 말했다.

"이 세계는 넓고, 아직 해결되지 않은 문제들이 많습니다. 괴물들이 여전히 존재하며, 무너진 마을이 있고, 도움이 필요한 사람들이 많습니다. 영웅의 길은 여기서 끝나는 것이 아니라, 이제부터 시작되는 것입니다."

나는 조용히 손을 주먹으로 쥐었다.

"이제야 영웅이 되었지만, 그것이 끝이 아니다."

우리가 싸워야 할 전투, 우리가 지켜야 할 사람들, 우리가 밝혀야 할 진실…

학자는 두루마리를 내려다보며 덧붙였다.

"여러분이 어디로 가든, 무엇을 선택하든 우리는 그것을 존중할 것입니다. 단, 한 가지 명심하세요."

그는 천천히 우리를 바라보며 말했다.

"영웅이란, 그저 강한 자가 아닙니다. 선택을 내리고, 그 선택에 대한 책임을 질 줄 아는 자입니다."

그 말에 나는 깊이 생각에 빠졌다.

요약

영웅이 된다는 것은 단순히 강한 힘을 가지는 것이 아니라, 자신의 선택에 대한 책임을 지는 것이다.

성공하는 사람과 그렇지 않은 사람의 차이는 결정의 순간에 무엇을 선택하느냐에 있다.

우리는 영웅이 되기 위한 모든 훈련을 마쳤고, 이제 우리 앞에는 두 개의 길이 놓여 있었다. 하나는 익숙하고 안전한 길, 우리가 머물며 새로운 영웅을 길러 내고, 마을을 지키는 삶.

또 하나는 미지의 길, 더 큰 세상으로 나아가 스스로 새로운 도전을 찾고 세계를 바꾸는 삶.

성공학적 관점에서 보면, 진정한 성장은 익숙한 것을 벗어나 미지의 영역으로 나아갈 때 이루어진다.

우리는 목표를 이루는 과정에서 수많은 선택을 마주하며, 성공한 사람들은 변화와 불확실성을 두려워하지 않는다. 그들은 안정에 머물기보다는 더 큰 목표를 향해 나아가는 길을 택한다. 이 순간, 우리는 단순한 영웅이 아니라, 자신의 운명을 개척하는 리더가 되어야 했다.

우리의 선택은 단순한 개인의 결정이 아니라, 앞으로 우리가 만들어갈 새로운 미래를 위한 첫걸음이었다.

성공한 사람들은 끊임없이 스스로에게 질문한다.

"이 선택이 내 미래를 성장시키는 길인가?"

"나는 지금 편안함을 택하고 있는가, 아니면 도전을 선택하고 있는가?"

그리고 가장 중요한 질문.

"나는 지금, 진정한 영웅의 길을 선택하고 있는가?"

그리고 이제, 진정한 영웅의 길을 걷기 시작했다.

❖ 제 7 장 ❖

The Dream Walker

끝없는 여정을 향해

01 "각자의 길, 같은 목표"
(Different Paths, Same Purpose)

 소년이 나를 바라보았다.
"어떻게 할 건가요?"

나는 잠시 망설였다.

마을에 남아 영웅들을 지도하는 것도 나쁘지 않았다. 이곳에는 우리가 훈련을 쌓아왔던 기억이 남아 있고, 함께 싸워온 소년이 있었다. 이제 막 영웅이 된 우리는 다른 이들을 이끌 자격이 있었다. 하지만… 내 마음은 이미 결정이 난 듯했다.

나는 천천히 대답했다.

"난… 이 마을을 떠나야 할 것 같아."

소년이 놀란 듯 나를 바라보았다. 그의 눈에는 혼란이 서려 있었다.

"떠난다고요? 어디로요?"

나는 조용히 주위를 둘러보았다.

우리는 이곳에서 훈련을 받고, 시험을 통과했으며, 영웅이 되기 위해 온 힘을 다해 싸웠다. 하지만 이 세계에는 여전히 우리가 모르는 더 넓은 세상이 있었고, 아직도 괴물의 위협에 떨고 있는 수많은 마을이 있었다.

"지금까지 우리가 지나온 마을들로 다시 돌아가려 해."

소년은 눈을 동그랗게 떴다.

나는 이어서 말했다.

"우리가 영웅이 될 수 있도록 응원해 준 사람들… 우리가 훈련을 받는 동안, 그들은 여전히 위험 속에서 살아가고 있었을 거야. 나는 그들에게 우리가 배운 것을 전해주고 싶어."

소년은 고개를 숙이고 깊은 생각에 잠겼다.

나는 조용히 덧붙였다.

"우리는 단순히 싸우는 존재가 아니야. 우리가 가진 힘을 나누고, 괴물과 싸우는 방법을 가르쳐야 해. 나아가 마을 스스로가 자신을 지킬 힘을 길러야 해. 그래야 그 마을들이 또는 주민들이 더 이상 두려움에 떨지 않게 될 거야."

소년은 여전히 아무 말도 하지 않았다.

나는 소년을 바라보며 물었다.

"너는 어떻게 할 거냐?"

소년은 천천히 고개를 들었다.

그리고 뜻밖의 말을 꺼냈다.

"저는… 이 마을에 남겠습니다."

나는 놀라 소년을 바라보았다.

소년은 미소를 지으며 말했다.

"여기에도 도움이 필요한 사람들이 많아요. 그리고 아직 이 마을에는 저처럼 배워야 할 사람들이 있어요."

소년의 눈빛은 흔들리지 않았다.

나는 소년의 결정을 이해할 수 있었다.

우리는 같은 여정을 걸어왔지만, 이제 서로 다른 길을 가려 하고 있었다.

소년은 진정으로 영웅이 되었다는 것을 깨달았다.

과거의 소년은 두려움을 느끼며 혼자 남겨지는 것을 걱정했다. 하지만 이제는 스스로 이 마을을 지키겠다는 결심을 하고 있었다.

나는 고개를 끄덕이며 말했다.

"그래, 네가 그렇게 생각한다면… 나는 너를 존중해."

소년은 환하게 웃었다.

요약

성공이란 단 하나의 길을 가는 것이 아니다.

진정한 성공은 자신이 진정으로 원하는 길을 선택하고, 그 길을 끝까지 걸어가는 것에 있다.

소년과 나는 같은 목표를 가지고 있었지만, 우리는 서로 다른 방식으로 그것을 이루기로 결정했다.

소년은 이곳에서 남아 새로운 영웅들을 지도하고, 나는 더 넓은 세상으로 나아가 우리가 배운 것을 전파할 것이었다.

어느 길이 더 옳다고 할 수 없었다. 중요한 것은, 우리는 각자의 방식으로 세상을 더 나은 곳으로 만들기로 결심했다는 것이다.

성공한 사람들은 남들과 같은 길을 따르기보다는 스스로의 길을 선택한다.

그들은 편안함에 머물지 않고, 자신이 가장 의미 있다고 생각하는 방향으로 나아간다.

그리고 그 선택이 맞았는지는 결과가 아니라, 그 길을 걸어가는 과정에서 결정된다.

당신은 어떤 선택을 위해 어떤 과정을 겪을 것인가?

02 "변화는 저항을 동반한다"
(Change Always Faces Resistance)

 소년과 나는 서로를 바라보았다.
우리는 함께 성장했고, 함께 싸웠고, 함께 영웅이 되었다.
하지만 이제는 각자의 길을 선택했다.

소년은 마을에 남아 새로운 영웅들을 길러내고, 마을을 지키는 수호자가 되려 했다.
나는 이곳을 떠나 지나온 마을들을 돌아보며 사람들에게 영웅의 힘을 나누어 주고, 그들이 스스로를 지킬 수 있도록 돕기로 했다.
이제, 우리는 서로 다른 길을 가야 한다.

그 순간, 학자가 내게 다가왔다.
그는 나를 바라보며 조용한 목소리로 말했다.
　"혼자서는 마을을 구원하기 어려울 겁니다. 그리고 마을 주민들이 모두 당신의 말에 동조하지도 않을 겁니다."
나는 그 말을 듣고 조용히 숨을 들이마셨다.
　"알고 있습니다."
이미 예상한 일이었다.
어떤 마을은 나를 반길 것이고, 어떤 마을은 나를 거부할 것이다.

사람들은 쉽게 변하지 않는다.

괴물이 마을을 위협하고 있어도 누군가는 나를 의심할 것이고, 누군가는 변화를 두려워할 것이다.

나는 힘을 나누고 싶지만, 정작 그 힘을 받아들이지 않는 사람들이 있을 것이다.

학자는 내 표정을 살피며 말을 이었다.

"그래도 상처받지 마세요."

그의 목소리는 따뜻했다.

나는 천천히 고개를 끄덕였다.

"상처받지 않으려고요."

학자는 내 앞에 놓인 찻잔을 조용히 바라보았다. 따뜻한 김이 모락모락 피어올랐다.

그는 잠시 말을 멈추고, 나를 깊이 바라보았다.

"영웅마을을 나가면 이제는 정말 혼자서 해결해야 할 테지요."

나는 조용히 그의 말을 기다렸다.

그는 한숨을 쉬듯 작게 웃으며 덧붙였다.

"하지만 한 가지 명심해야 할 것이 있습니다."

나는 그의 눈을 바라보았다.

"무엇이든 힘은 양날의 검과 같습니다."

나는 말없이 그의 말을 기다렸다.

"당신이 가지고 있는 영웅의 힘이 본인과 타인을 지키기 위해서 쓰인다면, 그것은 진정한 영웅의 길이 될 것입니다. 하지만…"

그는 조용히 차를 한 모금 마셨다.

"그 힘을 이기적인 마음과 자신의 능력을 과시하려는 것으로 사용하게 된다면…… 당신도 괴물이 될 수 있습니다."

나는 순간적으로 숨을 멈추었다.

"괴물……?"

"그렇습니다."

학자는 창밖을 바라보며 조용히 말했다.

"괴물은 단순히 외형이 기괴한 존재들만 있는 것은 아닙니다. 힘을 가진 자들이 그 힘을 잘못 사용하기 시작할 때…… 영웅도 괴물이 될 수 있지요."

나는 조용히 손을 쥐었다.

"그렇다면… 어떻게 해야 영웅의 길을 지킬 수 있죠?"

학자는 조용히 미소 지으며 대답했다.

"힘을 사용할 때마다 스스로에게 물어보세요. '이 힘이 나만을 위한 것인가, 아니면 모두를 위한 것인가?' 그리고 만약 힘을 사용할 때 누군가를 억압하려는 마음이 생긴다면, 그 순간이 바로 괴물이 되어가는 순간일 겁니다."

나는 조용히 그의 말을 되새겼다.
"힘은 목적이 아니라, 도구입니다. 영웅은 힘을 쥐고 있더라도, 그것에 취해서는 안 됩니다. 영웅과 괴물을 가르는 것은 단 하나, 바로 "마음"입니다."
나는 눈을 감았다.
마을을 구원하겠다는 나의 뜻. 하지만 그 과정에서 나도 변할 수 있다는 경고.
나는 학자의 조언을 깊이 새겼다.
"잊지 않겠습니다."
그는 고개를 끄덕이며 조용히 덧붙였다.
"길을 떠나세요. 하지만 잊지 마세요. 진정한 영웅은 힘이 아니라, 마음에서 태어나는 법이랍니다."
학자는 덧붙였다.
"하지만 당신이 올바른 길을 가고 있다면, 결국 그것을 이해하는 사람들이 나타날 겁니다. 설령 처음에는 반대하더라도, 시간이 지나면 당신이 남긴 것이 씨앗이 되어 싹을 틔울 것입니다."

나는 조용히 고개를 끄덕였다.

상처받지 않을 수 있을까? 아마도 나는 수많은 거절을 겪을 것이다. 믿지 않는 사람들을 만날 것이고, 심지어 적대하는 자들도 있을 것이다.

하지만 나는 포기하지 않을 것이다.

누군가는 반드시 내가 가르치는 것을 이해할 것이고, 누군가는 괴물과 싸울 용기를 얻을 것이다.

그 작은 변화가 세상을 바꾸는 첫걸음이 될 것임을 나는 알고 있었다.

나는 차가운 공기를 들이마시며 다짐했다.

이제, 내가 지켜야 할 것은 단순히 마을이 아니라, 나 자신이 괴물이 되지 않는 것 또한 포함되어 있었다.

이제 길을 떠나려는 찰나, 학자는 나에게 마지막으로 할 말이 있다고 했다.

요약

변화를 이끄는 리더는 언제나 저항에 부딪힌다. 모든 사람이 새로운 길을 받아들이는 것은 아니다. 하지만 저항이 있다고 해서 포기해서는 안 된다. 역사적으로도 많은 혁신가들은 처음에는 외면받았지만, 결국 세상을 바꾸었다. 예를 들어, 헨리 포드가 자동차를 대중화하려 했을 때, 사람들은 "말이 사라질 리 없다."고 비웃었다. 그러나 그는 포기하지 않았고, 결국 자동차 산업의 패러다임을 바꾸었다. 나 역시도 처음에는 거절당하고, 믿지 않는 사람들을 만날 것이다. 하지만 작은 변화가 모이면 결국 혁명이 된다.

성공은 단번에 이루어지는 것이 아니다.

위대한 변화는 단 하나의 행동, 단 하나의 신념, 단 하나의 선택에서 시작된다. 하지만 그 변화를 받아들이는 사람은 처음부터 많지 않다. 그러나 나는 알고 있었다.

사람들은 쉽게 변하지 않는다. 누군가는 내 말을 듣고 힘을 얻겠지만, 누군가는 나를 의심할 것이다.

내가 아무리 도와주려 해도 거부하는 사람들, 변화보다는 익숙한 두려움을 택하는 사람들도 있을 것이다.

하지만 나는 그들에게 강요하지 않을 것이다.

진정한 성공이란, 사람들이 받아들일 준비가 되었을 때, 그들에게 씨앗을 심어

주는 것이다.

나는 단순히 그들에게 힘을 주는 것이 아니라, 그들이 스스로 강해질 수 있도록 돕는 것이 목표였다. 그렇기에 거절당하더라도, 실망하더라도 나는 포기하지 않을 것이다.

03 "영웅의 운명 안락함에 머물 것인가, 성장의 길을 걸을 것인가"
(The Fate of a Hero: To Stay in Comfort or Walk the Path of Growth)

학자는 마지막으로 나를 바라보며 매우 중요한 말을 덧붙였다.

"그리고 마지막으로… 영웅은 일반 사람들과 함께 오래 있으면, 영웅의 힘은 사라지게 됩니다."

그 말에 나는 잠시 숨을 멈췄다.

소년도 놀란 표정으로 학자를 바라보았다.

나는 조용히 되물었다.

"무슨 뜻이죠?"

학자는 깊은 눈빛으로 나를 바라보며 말했다.

"영웅의 힘은 특별합니다. 그것은 단순한 무력이 아니라, 신념과 사명감에서 나오는 것입니다. 하지만 영웅이 오랫동안 평범한 사람들 속에 머무르면… 그 힘은 점점 약해집니다."

나는 그의 말을 곱씹었다.

"왜 그렇게 되는 거죠?"

"영웅은 위험과 도전에 맞설 때, 강해집니다. 하지만 평범한 삶에 오래 머무르면, 영웅의 마음도 흔들리게 되지요. 편안함은 사람을 나태하게 만들고, 안락함은 투지를 사그라지게 만듭니다."

나는 그의 말을 이해하기 시작했다.

전설 속의 영웅들이 왜 항상 여정을 떠났는지, 왜 그들이 평범한 삶을 살지 않았는지…

영웅이란 끊임없이 싸우고, 계속해서 성장해야 하는 존재였다.

그것을 멈추는 순간, 힘은 사라지고, 결국 평범한 존재로 돌아가게 되는 것이었다.

나는 조용히 망토를 만지며 생각했다.

나는 사람들에게 힘을 나누어 주려 했다.

하지만 너무 오래 머물면 나 역시 힘을 잃고, 결국 더 이상 사람들을 도울 수 없게 될지도 몰랐다.

그것이 영웅의 운명이었다.

요약

영웅의 힘은 단순한 신체적 능력이 아니라, 끊임없는 도전과 극복의 과정에서 탄생하는 것이다. 우리는 종종 특정 목표를 이루었을 때, 또는 한계를 극복했을 때, "이제 충분하다."라고 생각한다. 하지만 그 순간부터 성장은 멈추고, 열정은 점차 희미해진다.

"영웅은 평범한 사람들 속에서 오래 머무르면, 힘을 잃게 된다."

이 말은 단순히 영웅의 힘에 대한 이야기가 아니라, 모든 성장하는 사람에게 적용되는 법칙이다. 마지막으로 학자가 한 말은 단순한 경고가 아니다. 그것은 성공하는 사람과 도태되는 사람을 가르는 기준이기도 하다. "영웅은 오랫동안 평범한 삶에 머물면 힘을 잃게 됩니다." 이 말은 단순한 환상 속의 영웅 이야기만이 아니다.

우리 모두에게 적용되는 삶의 진리이다.

지금 당신은 어떤 위치에 있는가? 어떤 목표를 이루었는가?

그리고 그 목표를 달성한 후 지금 멈춰 있는가, 아니면 계속해서 나아가고 있는가?

만약 "이 정도면 충분하다."라고 생각하는 순간이 온다면, 그때부터 힘은 사라지기 시작할 것이다. 반면, 새로운 목표를 향해 끊임없이 나아간다면, 당신은 계속해서 성장할 것이다.

"당신은 계속해서 떠날 것인가, 아니면 여기서 머물 것인가?"

(Will You Keep Moving Forward, or Will You Stay Behind?)

선택은 당신에게 달려 있다.

04 | "멈추지 않는 길, 끝없는 여정"
(The Unending Path, The Endless Journey)

나는 소년을 바라보았다.

소년은 나와 다른 길을 선택했다. 하지만 소년은 마을을 떠나지 않는 대신, 이곳을 지키며 계속해서 싸울 것이었다.

나는 떠난다.

그러나 나는 결코 한곳에 오래 머물지 않을 것이다.

나는 하나의 마을을 구원하는 것이 아니라, 많은 마을이 스스로의 힘을 키울 수 있도록 돕는 길을 가야 한다.

나는 떠돌이 영웅, 지식을 전하는 방랑자가 될 것이다.

소년은 단단히 주먹을 쥐며 말했다.

 "조심하세요. 그리고 절대… 힘을 잃지 마세요."

나는 미소 지으며 고개를 끄덕였다.

 "너도 마찬가지야. 이 마을에서 많은 영웅이 시련을 이길 수 있도록 도와줘."

소년과 나는 마지막으로 손을 맞잡았다.

우리는 함께 시작했지만, 이제는 각자의 길을 가야 했다.

그 길이 어디로 이어질지는 몰랐다.

하지만 우리는 각자의 방식으로, 이 세상을 지키는 영웅이 될 것이다.

나는 망토를 걸치고 길을 나섰다.

소년은 마을 입구에서 내가 멀어질 때까지 서 있었다.

그리고 마지막 순간, 나는 뒤돌아보지 않고 한 발짝을 내디뎠다.

그것이 영웅의 길이었다.

그리고 나는 스스로에게 맹세했다.

"나는 끝까지 싸울 것이다. 나는 결코 멈추지 않을 것이다."

그리고 그 순간부터 나의 새로운 여정이 시작되었다.

요약

영웅의 길은 단순히 힘을 가지는 것이 아니라, 그 힘을 어떻게 사용하느냐에 따라 결정된다.

어떤 이는 마을을 지키며 후배들에게 힘을 전수하는 길을 선택하고,

어떤 이는 계속해서 세상을 떠돌며 더 많은 사람들에게 변화를 가져오는 길을 선택한다.

하지만 한 가지는 분명하다. 영웅이란 결코 멈추지 않는 존재라는 것이다.

소년은 마을을 지키기로 했다. 그는 떠나지 않지만, 그곳에서 끊임없이 싸우고 성장하며 새로운 영웅들을 키울 것이다.

반면, 나는 떠나는 길을 택했다. 한곳에 오래 머물면 안락함에 젖을 수도 있고,

성장의 동력을 잃을 수도 있기 때문이다. 이것은 성공하는 사람들의 공통된 특징이다.

한곳에 머물러 있는 사람들은 결국 현실에 안주하게 되고, 도전하지 않는 순간 퇴보하기 시작한다. 진정으로 위대한 사람들은 성공한 후에도 계속해서 새로운 목표를 향해 움직인다.

사업가가 한 번의 성공에 만족하지 않고 새로운 시장을 개척하는 것,

운동선수가 챔피언이 된 후에도 계속해서 훈련을 멈추지 않는 것,

학자가 새로운 연구를 이어가는 것…

이 모든 것은 "머무름은 곧 쇠퇴"라는 원칙을 따르는 행동이다.

영웅 역시 마찬가지다. 한 마을을 구했다고 해서 그것이 끝이 아니다. 여전히 위기에 처한 마을들이 있고, 강한 자들에게 억압받는 사람들이 있으며, 괴물의 위협을 두려워하는 존재들이 있다. 그러므로 영웅은 멈추지 않는다. 나는 한 마을이 아닌, 더 넓은 세상을 변화시키기 위해 떠나야 한다.

소년과 나는 같은 곳에서 시작했다. 하지만 결국 우리는 서로 다른 길을 선택했다. 소년은 지키는 자가 되었다.

그는 마을에 남아 새로운 영웅들을 양성하고, 마을을 안전하게 보호하며 성장할 것이다. 그의 길은 꾸준함과 인내의 길이다.

나는 떠나는 자가 되었다. 나는 한곳에 머무르지 않고 더 많은 곳을 다니며 힘을 전수하고, 괴물과 싸우고, 사람들에게 희망을 전할 것이다. 나의 길은 도전

과 변화의 길이다.

이처럼 어떤 길을 선택하느냐에 따라 삶의 방향이 달라진다.

어떤 이는 한 분야에서 깊이 뿌리를 내리는 전문가가 되고, 어떤 이는 여러 분야를 넘나들며 새로운 변화를 만드는 개척자가 된다. 이 두 가지 모두 중요하지만, 가장 중요한 것은 멈추지 않는 것이다. 힘을 가지는 것보다 중요한 것은 그 힘을 유지하고, 더욱 성장시키는 것이다. 그렇지 않으면, 영웅도 결국 평범한 존재가 되고 만다. 나의 길은 끝없는 여정이다.

어느 마을에서는 환영받을 것이고, 어느 마을에서는 배척당할 것이다. 어떤 곳에서는 나를 따를 것이고, 어떤 곳에서는 나를 두려워할 것이다. 하지만 그것이 나를 멈추게 할 수는 없다.

"나는 끝까지 싸울 것이다. 나는 결코 멈추지 않을 것이다."

영웅이란 위험과 맞서는 존재이며, 선택을 내리는 존재다.

나는 이제 더 이상 수련생이 아니다. 나는 스스로가 선택한 길을 가야 한다. 나의 역할은 희망을 전하는 방랑자가 되는 것. 그리고 나는 맹세했다. 이 길이 끝날 때까지 나는 멈추지 않을 것이다.

우리 모두는 인생에서 두 가지 길을 선택할 수 있다.

한곳에 머물며 지켜내는 길.

더 넓은 세상을 향해 떠나는 길.

중요한 것은 당신이 어떤 길을 선택하든 멈추지 않는 것이다.

진정한 영웅은 끊임없이 도전하며, 새로운 길을 개척하며, 자신의 사명을 끝까지 수행하는 존재다. 이제 당신에게 묻고 싶다.

"당신은 어떤 길을 선택할 것인가?"

(Which Path Will You Choose?)

제7장 _ 끝없는 여정을 향해 287

Epilogue

"다시 꿈을 향해"
(Return to the Dream)

2025년. 익숙한 천장이 보였다. 나는 침대에 누워 있었다. 손을 들어 올려보았다. 검에 길들여진 손이 아닌, 부드러운 손이었다.
마치 꿈을 꾸었던 것처럼. 하지만 그것은 꿈이 아니었다.
나는 분명히 그곳에서 싸웠고, 살아남았고, 영웅이 되었다.
그러나 지금은 평범한 일상으로 돌아와 있었다.

한동안 나는 현실과 꿈의 경계를 헤맸다. 예전 같았으면, 이 모든 것이 단순한 환상에 불과하다고 생각했을 것이다. 하지만 이번에는 달랐다.
내가 경험한 모든 것이 단순한 꿈이라기엔 너무나도 생생했고, 무언가가 나를 변화시키고 있었다.

과거의 나는 쉽게 포기하는 사람이었다.
목표를 세워도 금방 지쳐버렸고, 무엇을 하든 도중에 그만두기 일 쑤였다.
하지만 영웅으로 살아간 시간은 나에게 다른 시각을 주었다.
나는 더 이상 포기하지 않았다. 하고 싶은 일이 있다면, 반드시 끝까지 해내겠다는 다짐이 서렸다.

나는 책을 집어 들었다. 먼지만 쌓여 있던 목표 목록을 다시 꺼냈다. 하나씩, 하나씩 목표를 정리했다. 목표를 생생하게 시각화를 하고 목표를 적고, 매일 아침마다 외치고, 다짐했다.
꿈속에서 나는 강한 전사였고, 모두를 지키는 사람이었다. 그렇다면 현실에서는? 현실에서도 나는 강해질 수 있었다. 단, 포기하지 않는다면.

시간이 지나면서 나는 조금씩 달라졌다. 예전처럼 게으르게 시간을 보내지 않았다. 계획을 세우고, 실행하며 조금씩 성장했다. 주변 사람들은 나의 변화를 신기하게 바라보았다. 나는 더 이상 미루지 않았고, 꿈속에서처럼 스스로를 단련해 나갔다.

그러던 어느 날, 나는 문득 거울을 보았다. 그곳에는 과거의 나약했던 나 자신이 아니라, 새로운 빛을 가진 나 자신이 있었다. 나는 다시 한번 깨달았다.

'나는 단순히 꿈을 꾼 것이 아니라, 다른 세계에서 살아남았던 것이었다.'

나는 깨달았다. 현실과 꿈은 다르지 않다. 나의 의지와 생각만이 그 차이를 결정할 뿐이었다. 꿈속에서는 검을 휘둘렀고, 현실에서는 삶을 개척했다. 강함이란, 단순히 힘이 아니라 끝까지 해내려는 결심이었다. 그렇게 나는 자신이 원하는 삶을 선택했다.

그런데도 무언가가 계속 걸렸다. 꿈속에서 내가 떠나올 때, 지나왔던 마을 사람들의 얼굴이 떠올랐다. 그리고 나와 함께했던 소년의 얼굴도 떠올랐다. 소년은 언제나 내 곁에서 함께 싸웠고, 때로는 두려움 속에서도 용기를 냈던 소년이었다.

떠나올 때, 그 소년의 눈에는 걱정이 서려 있었다. '정말로 떠나 버리는 건가요?'라고 묻던 소년의 목소리가 여전히 귓가에 맴돌았다.

그곳의 마을들은 내가 떠난 후 어떻게 되었을까? 정말로 평화가 유지되었을까? 어쩌면 나는 너무 성급히 떠나온 것은 아닐까? 마음속에서 뜨거운 감정이 일었다. 나는 다시 돌아가야 한다. 이번엔 단순한 꿈을 꾸는 것이 아니라, 그 세계를 완전히 지켜내기 위해.

나는 결심했다. 어떻게든 다시 그 세계로 가야 한다. 마을을 지키고, 지켜내지 못했던 것들을 반드시 바로잡아야 했다.

그리고 나는 다시 한번 눈을 감았다.

이번엔 더 이상 두려움이 아닌, 확신과 사명감으로 가득 찬 채.

인간은 누구나
위대한 영웅이 되기를 꿈꾼다.
하지만 진정한 영웅이란
태어나는 것이 아니라,
끊임없는 선택과 도전을 통해
만들어지는 존재다.